家庭 介護 看護 で実力発揮の
「アンガーマネジメント」

高齢者に「キレない」技術

アンガーマネジメント
コンサルタント
川上淳子

はじめに

　遠くを見る、怒りに満ちた視線。
　初めて会った祖父の姿は10歳の私には鮮烈でした。杖を振り回し、人が近づくことを阻む姿に怖さを感じ、どう接してよいかわからず、途方に暮れていました。

　それから半世紀以上経ち、「キレる老人」、「暴走老人」のワードを新聞、テレビ等で数多く見かけるようになりました。
　ご家庭や職場で高齢者と向き合っている方の中には、高齢者の怒りの言動に対して、切実な悩みを抱えている方も多いと思います。

　現在、日本全体が高齢化の一途をたどっています。65歳以上の高齢者の人口に占める割合は、1950年で4.9％、2017年には27.7％。高齢化率は5倍。2000年以降は「満65歳定年」の企業が増え、働く方々が増えてきました。2019年5月、政府は70歳までの就業機会の拡大、公的年金受給開始年齢について70歳超を選択できるしくみを検討しています。「還暦は社会からの卒業」は、もはや過去の話。

　その一方で、法務省『平成30年版犯罪白書』の副題「進む高齢化と犯罪」に象徴されるように、高齢化と犯罪の関係が憂慮される事態も頻繁に起きています。
　人生100年時代、誰もが高齢者と関わるようになる時代です。どうすればもっと高齢者と上手に付き合えるようになるのか、その決め手となるのが「アンガーマネジメント」です。
　なぜなら、高齢者が抱えている課題への対処には怒りに関す

る理論と技術が必要だからです。怒りの感情のコントロールができるかできないかで人生の方向も質も大きく変わってきます。怒りの感情は衝動的で扱いが難しく、一瞬で人生を壊してしまうことがあります。

　本書は、「家庭編」と「看護・介護編」に分かれておりますが、どちらの章を読んでいただいても、家庭や看護・介護の現場で活用できるアンガーマネジメントの理論と技術を盛り込んでいます。

　祖父の怒りの視線の先に何があったのか――。
　老いの悲しみに小学生の私は思いが至りませんでした。50年の時を経て、アンガーマネジメントを学んだからこそ、怒りに隠れた気持ちに気づける方法、怒りに応戦するのではなく、上手に切り返していくすべを具体的にまとめることができました。

　一般社団法人日本アンガーマネジメント協会代表理事・安藤俊介氏には執筆にあたり、協会コンテンツの活用をご快諾いただきました。小学館教育編集室編集長・塚本英司氏、ライター・出浦文絵さんのお二人にはアンガーマネジメントがこれからの日本に不可欠であるとの知見を賜り、執筆の背中を押していただきました。
　この場を借りてお礼を申し上げます。

　高齢者の介護・看護にあたる皆様や高齢のご家族を抱える方にとって、より笑顔の時間が増えることを願ってやみません。

川上淳子

もくじ

はじめに……………………………………………………………2

第1章
怒りのしくみ&高齢者とうまく付き合うコツ

・キレる高齢者に困っているあなたへ……………12
・高齢者の言動にイラっとしてしまうあなたへ……14
・アンガーマネジメントとは………………………16
・怒りのしくみ………………………………………17
・怒りの正体は「べき」……………………………18
・怒りを上手に表現するためには…………………20
・怒りのメカニズムを知ろう
　〜3コラムテクニック〜…………………………22
・怒りの性質…………………………………………24

- 高齢者と上手に付き合う6つのルール················26
  - ルール❶ 言葉では寄り添い、感情は距離を置く 26
  - ルール❷ 相手を変えようと思わない、否定しない 28
  - ルール❸ ゆっくりと、お願い口調で話す 30
  - ルール❹ 相手の言葉に反応しない 32
  - ルール❺ NGワードを使わない 34
  - ルール❻ 過去のことを持ち出さない 36

第2章
高齢者への
イライラ対処法
家庭編

| CASE 01 | 何度忠告しても運転免許証を返納しない 38
| CASE 02 | 疑い深くなり、ものをなくすと「盗まれた」と言う 42

CASE 03	見知らぬ人に暴言を吐いたり、手を上げたりする	44
CASE 04	自分のやり方へのこだわりが強く子供にも強要する	48
CASE 05	誰かを頼ったり、助けられることを極端に拒む	52
CASE 06	治療に専念せず、病気の原因を探し回る	56
CASE 07	食器や鍋が汚れたまま使おうとする	60
CASE 08	身なりに気を遣わず、風呂にも入らない	62
CASE 09	濃い味付けを好み、薄味を嫌うため健康が心配	64
CASE 10	声が大きいのに、声をかけると聞こえないふり	66
CASE 11	お金がないと言いつつ、高価なものを買う	68
CASE 12	約束したのに、すぐに忘れて逆ギレする	72
CASE 13	おまえはいつもこうだと決めつける	76

COLUMN コーピングマントラ ……… 80

第3章
高齢者への イライラ対処法
看護・介護編

CASE 01	頻繁にコールし、何度もトイレに行きたがる	82
CASE 02	些細なことで強く責められ、怒鳴られる	86
CASE 03	何度も同じ話をする。自慢話ばかりで、しかも長い	90
CASE 04	身の回りのものを片付けない。捨てられない	94
CASE 05	医師の指示や病院のルールをすぐに破る	98
CASE 06	高齢者の行動が遅くて苛立ち、よく転ぶのも心配	100
CASE 07	ボケたふりをして体に触るなどセクハラが多い	102

CASE 08	何でも人にやってもらおうとするので苟立つ	104
CASE 09	夕方になると機嫌が悪くなる	106
CASE 10	介護拒否、サポートも嫌がる	108
CASE 11	すべて否定的で、施設のイベントも馬鹿にする	112
COLUMN	ポジティブセルフトーク	116

第4章

知っておきたい実践スキル10

- technic 1　カウントバック ……… 118
  イラっとしたら6秒数える

- technic 2　ストップシンキング ……… 119
  頭を真っ白にする

- technic 3　グラウンディング ……… 120
  今に意識を集中する

- technic 4　タイムアウト ……… 121
  その場を離れる

- technic 5　スケールテクニック ……… 122
  怒りを数値化する

- technic 6　アンガーログ ……… 123
  自分の怒りの傾向を記録

- technic 7　身体リラクゼーション ……… 124
  体を動かす

- technic 8　気分転換メニュー ……… 125
  自分の好きなことに集中

- technic 9　ポジティブモーメント ……… 126
  最高によかった瞬間を思い出す

- technic 10　24時間アクトカーム ……… 127
  一日穏やかな自分を演じる

構成／出浦文絵
カバー・本文デザイン・DTP／門松清香
本文イラスト／熊野友紀子
校正／目原小百合
編集／塚本英司

第1章

怒りのしくみ＆高齢者とうまく付き合うコツ

突然怒り出す、自分勝手な行動で周囲を振り回す…。高齢者の困った行動にイライラしたり、思わずキレそうになったりしたことがある人も多いのではないでしょうか。ここでは「イライラ」の本質を理解するとともに、高齢者との付き合い方のポイントを解説します。

キレる高齢者に困っているあなたへ

「最近のお父さん、何を言ってもすぐにキレて疲れる…」
「鈴木さん、頻繁にコールを押して呼び出しては些細なことで怒り出すからストレスがたまる…」

年齢を重ねるにつれ、円熟味が増し「丸くなった」と言われ、慕われるようになる年配者がいる一方、「頑固になった」「怒りっぽくなった」と言われたり、挙句の果てには「暴走老人」と非難されたりする高齢者もいます。

怒りをあらわにする高齢者がもしも他人であれば、できるだけ関わらないように無視したり、距離を置いたりすることもできるでしょう。しかし、それが家族であればそうはいきません。看護師や介護士という立場であれば、たとえ相手の怒りが理不尽だと感じても、冷静かつ適切な対応が求められるでしょう。だからこそ悩みは深刻なのです。

なぜ高齢者はキレやすいのでしょうか。

60歳を過ぎると、老化により、脳の前頭前野の縮小が始まることが脳科学の研究によってもわかっています。前頭前野は、ものごとを判断し、感情を抑制する分野。つまり前頭前野の機能低下によって、感情の抑制ができなくなり、

キレる言動が顕著になるのです。このような脳科学の知識があれば、高齢者の怒りの言動に対しても、心構えができるようになるでしょう。こうした知見に加えて、アンガーマネジメントを勧めるのには理由があります。

なぜなら、怒りをぶつけてくる高齢者は、**本当は「助けてもらいたい」というSOSを発信している**からです。

アンガーマネジメントは、「怒りのメカニズム」を知り、怒りの感情と上手に付き合うための技術。ですから、複雑な高齢者の怒りの感情を読み解くのにも非常に有効です。怒りの特性を学び、高齢者を「怒って自分を困らせる人」から、「自分の支援を求めている存在」へと発想を転換させて、怒りの連鎖を断ち切る一歩を踏み出しましょう。

高齢者の言動に イラっとしてしまうあなたへ

　高齢になると、体力や記憶力が衰えてくるだけでなく、判断力や気力も低下し、自分勝手な行動を取ったり、無気力になったり、疑り深くなったりと、周囲の人にとっては厄介な行動を取る人もいます。
　こうした高齢者の行動にイラっとしてしまうことで悩みを抱えている人も多いのではないでしょうか。

　イラっとしたとき、絶対にしてはいけないことがあります。それは「反射」です。つまり、「売り言葉に買い言葉」のように言い返す、仕返しをすることです。

　「何度も同じこと言わせないで！　覚えるつもりがないなら聞かないで！」
　「いいかげんにしてください！　患者はあなただけではないんですよ！」

　このような言葉を高齢者に投げかけたところで、解決することはなく、逆に、後味の悪い思いが残ったり、相手との関係を悪くし、後悔したりすることのほうが多いでしょう。**カッとなったときの怒りの感情のピークは長くて6秒間**と言われます。第4章では、この6秒間をやり過ごすさまざ

まなテクニックを紹介します。

「怒ることは悪いこと」という思い込みも間違いです。怒りを感じる自分を責めたり、怒りを解消する方法を間違うと、逆にストレスがたまり、健康を害したり、自己肯定感を下げたりすることにもつながります。
怒るべきときには、タイミングよく、適切に怒りを表現できるようになるのが、アンガーマネジメントです。

そのためにも、自分がどんなときにどれくらいイライラするのか、「自分の怒りのパターン」を知ることも重要。

怒りのピークをやり過ごすテクニックを身に付け、自分の怒りのパターンを知り、自分の感情を相手に適切に伝えることができるようになれば、高齢者とも上手に接することができるようになるでしょう。

アンガーマネジメントとは

　アンガーマネジメントは1970年代、アメリカで生まれたとされる怒りの感情と上手に付き合うための心理教育、心理トレーニングのことです。
　現在では、アメリカだけでなく、世界各国に普及。医療福祉、ビジネス、教育、スポーツ、司法などさまざまな分野で活用されています。

　「アンガーマネジメント」では、怒るべきときには、怒ってもよいと考えています。ただし、感情的に怒ってよいと言っているのではありません。
　怒る必要のあることは上手に怒る、怒る必要のないことは怒らないようになること、つまり、怒りの感情で後悔しないことを目指しています。
　大事なのは、怒るのか、怒らないのかの線引きが自分でできるようになることです。
　怒りのしくみを理解し、知識を身に付け、実践を重ねることで、誰でも怒りをコントロールできるようになります。人生100年時代と言われます。高齢者と接する機会がますます増えるこれからの時代には、誰にとっても役立つスキルとなるでしょう。

怒りのしくみ

　日本では怒りのしくみや性質、対処法について学ぶ機会がほとんどありません。それどころか、怒ることは悪いことと捉えられがちでした。

　しかし、怒りは防衛感情であり、大事にしている何かを守るという役割があり、喜怒哀楽の感情と同様、人間に備わった自然な感情の一つです。

　アンガーマネジメントでは、**怒りは氷山に例えて、「第二次感情」である**と考えます。

　水面下には氷山の塊があるように、怒りの感情の下にはさまざまな感情が隠れています。この**怒りの背景となる感情を「第一次感情」**と呼びます。**実は、不安、苦しい、嫌だ、辛い、虚しい、心配、寂しいといった、ネガティブな感情が怒りの下に隠れている**のです。

　高齢者の怒りの言動も、自分の本当の気持ちに気づいてもらえないことへの苛立ちが原因であることが多いのです。高齢者が怒っているとき、こうした**怒りのしくみを知っておけば、何に対してアプローチすればよいのかが明確になり、適切に対処できる**ようになります。

怒りの正体は「べき」

　怒りの正体は何でしょうか。私たちは何に怒っているのでしょうか。「誰か」でしょうか。「出来事」でしょうか。
　実は、この2つとも正解ではありません。
　怒りの本当の正体は、「べき」。
　例えば、「公共のマナーは守るべき」と考えていれば、電車内で大声で話す人にイライラしてしまいます。このように**自分の「べき」が目の前で裏切られたときに怒りを感じる**のです。自分の「べき」を知り、上手に怒ることができるようになるために、「べきの境界線」を右ページのイラストのような「三重丸」で考えていきましょう。

　三重丸のそれぞれのゾーンの意味は以下の通りです。
　①**自分のべきと同じなので「許せるゾーン」**
　②**自分のべきとは少し違うけれど「まぁ許せるゾーン」**
　③**自分のべきと全く違うので「許せないゾーン」**

　時間を例に、三重丸の境界線を考えてみましょう。
　「時間は守るべき」ですね。しかし、「10時集合」と言われたとき、「10時ちょうどでも許せる→①」という人もいれば、「5分前が常識、10時ちょうどは許せない→③」という人もいます。**「時間は守るべき」という価値観が同じでも、時間に**

関する「べきの三重丸」がそれぞれ違います。

　また、多くの場合、**三重丸の境界線が「機嫌」で変わる**ことがあることも知っておきましょう。機嫌がよければ②の「まあ許せる」の境界線を大きくしたり、機嫌が悪ければ小さくしたりしているのです。

　このように自分のべきについて、三重丸で考え、どこまでなら許せるのかがわかると、イラっとしたときには、怒るべきポイントが見えてきます。さらに、相手と不要な言い争いを減らしたい場合は、

②の「まぁ許せる」という境界線を広げる努力
②の境界線を安定させる努力
②を越えたら、適切な言葉で上手に怒る努力

　この3つの努力をすることが有効です。

怒りを上手に表現するためには

　三重丸の「まぁ許せるゾーン」を広げると、無用なトラブルが減ることは前述しました。しかし、許せる範囲をどこまでも広げたほうがよいということではありません。

　「この境界線を越えたら怒るよ」という基準は自分で決めておきましょう。怒らなければならないときに怒れないと、大きなストレスとなり後悔することになります。
　②の境界線を越え、③のゾーンのときだけ怒る、これが上手な怒り方なのです。
　あらかじめその境界線を相手に示しておく、つまり、**自分が怒るポイントを相手に言葉で伝えておくこと**も、勇気がいることではありますが、良好な関係を築く上では大切です。

　怒ると決めたら、そのときの感情に振り回されず、どのような行動を取るかが大事です。
　イライラする出来事について、2つの軸を基本に考えると、思考が整理され、取るべき行動が素早く判断できます。

　右ページのような箱を想像しましょう。まず、**出来事が「自分で変えられること」か「自分で変えられないこと」か**、2

<mark>つの軸を基準に分けてみます</mark>。さらに、それぞれを自分の人生にとって「重要なことか」「重要でないことか」で線引きします。ある出来事に対し、自分がどの箱を選ぶのか考え、自分で選んだ箱にふさわしい行動を選び取っていきます。

<mark>行動を選択する際には、「自分にとっても、周囲の人にとっても、長期的に見ても健康的か」という基準を覚えておきましょう</mark>。変えられることを変えようとしなかったり、反対に、変えられないことを変えようとしたりすることは、無理があり、長期的に見て健康的ではありません。

「分かれ道」
怒りの感情を整理する4つの箱

	自分で変えられること	自分で変えられないこと
重要なこと	例：後輩介護士の育成 →今すぐ取りかかる。いつまでにどの程度変わったら気が済むのかを決め、こうしてほしいという要望をはっきり伝える。	例：夜中に高齢者に頻繁に呼び出されること →「変えられない」を受け入れ、現実的な選択肢を探す。 →引継ぎ書でうまく対処した方法を確かめ、試みる。
重要でないこと	例：今朝の親子げんか →余力があるときに取り組む。 →仕事中でなく、帰宅してから考える。 →いつまでにどの程度変わったら気が済むのかを決めておく。	例：電車での高齢者のマナー違反 →放置する、手放すという選択をする。 →見ない努力をする。

第1章 怒りのしくみ&高齢者とうまく付き合うコツ

怒りのメカニズムを知ろう
～3コラムテクニック～

　イライラする感情をコントロールするためには、怒りが生まれるメカニズムを知ることが重要です。
　怒りは、次の三段階のステップで生まれてきます。

第一段階　出来事が起きる。
第二段階　自分のべきに当てはめ、起きた出来事に意味づけをする。
第三段階　自分のべきが裏切られると怒りが生まれる。

　次のような例を題材に考えてみましょう。
　第一段階「母親が食事中にみそ汁をこぼした」という出来事が起きます。

　第二段階「食べ物はこぼすべきでない」という意味づけをしてしまうと、第三段階で怒りが生じます。目の前で自分の「こうすべき」という価値観が裏切られ、「どうしてこぼすの？」と許せない気持ちになるからです。
　さらに、怒りの感情から、**「食事もまともにできないなんて情けない」「どこまで世話を焼かせるの？　迷惑だわ」「私ばかり損をしている」**など、さまざまなマイナスの感情を生んでしまいます。

では、第二段階の意味づけを次のように変えてみます。
「高齢だから指に力が入らないのかな」
「みそ汁の量が多かったかな？」

このように、相手のことを慮って意味づけをすると、怒りにはなりません。むしろ、自分が支援者としてすべきことが見つかります。

これはアンガーマネジメントの「3コラムテクニック」という手法。

怒りの原因は「誰か」「出来事」など、自分の外側にあることではなく、自分の内側にある「べき」です。この3コラムテクニックを使って三段階で捉え直し、特に、第二段階の意味づけで、「リフレーム」してみましょう。意味づけの枠組みを自分で変えていくことが大切です。

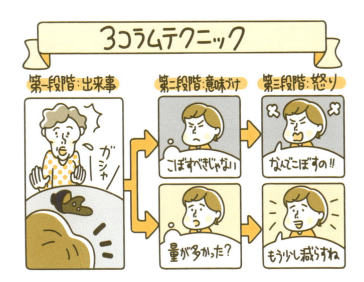

怒りの性質

　怒りは壊すのが得意です。怒りに任せて言った言葉ひとつで、仕事や信頼を失うことがあります。人間関係も壊してしまうこともあるでしょう。
　怒りは人間に自然に備わっている機能でありながら、その性質を学ぶ機会がないため、どのように扱ってよいかわからない人が多いのです。

　怒りの性質には、次のようなものがあります。

> **怒りの性質**
> ①高いところから低いところに流れる
> ②身近な対象ほど強くなる
> ③矛先を固定できない
> ④伝染しやすい
> ⑤エネルギーになる

①高いところから低いところに流れる
　怒りの感情は水のように高いところから低いところに流れます。会社であれば上司から部下へ、立場の強い人から弱い人へ流れます。

②身近な対象ほど強くなる

怒りは夫婦や親子関係、会社関係者など、身近な人であればあるほど、強くなります。他人なら気にならないことでも、家族には我慢できないような強い怒りを感じてしまうということも多いのです。

③矛先を固定できない

怒りは矛先を固定できないという特徴もあります。例えば、会社で感じた怒りを、帰宅後も引きずり家族に八つ当りしてしまうケースです。家庭で生まれた怒りを職場に持ち込んで部下や同僚に当ててしまうこともあります。

④伝染しやすい

怒りの感情は周囲の人に伝染していきます。イライラした人から理不尽な言いがかりをつけられると、不満がたまり、その不満を他の人にぶつけてしまうこともあります。こうして怒りの感情は次々と連鎖をしていきます。

⑤エネルギーになる

「怒りはエネルギーになる」ということも知っておくべき知識。怒りは壊すのが得意ですが、築き上げていくのも得意です。怒りを建設的に活用することで、より高い目標に向かって頑張ろうというエネルギーになり、人生をよりよい方向へ築き上げていくことができるのです。

こうした怒りの性質を知ることは、怒りをコントロールすることにつながります。怒りの感情とどう向き合い、どう対応するのか、知識とスキルがあれば、感情を上手に表現し、相手の感情にも振り回されることがなくなるでしょう。

高齢者と上手に付き合う6つのルール

ルール 1　言葉では寄り添い、感情は距離を置く

◇同じ自慢話を何度もしたがる
◇何度も明日のことを確認してくる
◇すぐにものをなくす。しまった場所を忘れる

　物忘れがひどくなる高齢者に、辟易することも多いでしょう。高齢者は、物忘れが多くなっていることを自覚しつつも、家族や支援者には甘えもあり、何度聞いてもよいと思ってしまっていることもあります。

　同じ話を何度も聞かされると、「また、その話？　前も聞いたよ」と途中で話をさえぎりたくなりますが、どうしても聞いてほしいから、高齢者はその話をしているのです。それを否定されることはとても辛いことなのです。
　また、「自分でしまった場所くらい、ちゃんと覚えておいてよ」などと非難されると自信を失ってしまいます。

　記憶力低下は、高齢になれば誰にでも起きる現象です。同じ話や失敗を繰り返され、**うんざりしても、上手に「そうね」「そうだったの？」**と相槌を打ったり、「**一緒に探しまし**

ょうね」と声をかけたり、言葉では相手に寄り添ってあげましょう。

感情の面では、「高齢になればしかたのないこと」「自分の将来の姿だ」と割り切って距離を置けば無用なトラブルを避けて穏やかに過ごすことができます。

口頭で伝えるとすぐに忘れる高齢者には、紙に書いて貼っておく。ものをすぐになくす人には、大事なものは目立つところに貼っておく。つるしておくなど、視覚情報を活用すると、お互いのストレスも緩和します。

感情では、「やれやれ…」「何度も言わせないでよ」と思っても、「明日の予定は全部カレンダーに書いておくね。わからなくなったら、カレンダーを見てね」と言って、すべての予定をできるだけ詳しくカレンダー等に書き込みましょう。

ルール ② 相手を変えようと思わない、否定しない

◇**絶対に自分の言ったことが正しいと言い張り、いくら説得しても、聞いてくれないばかりか、怒り出す…**

加齢に伴い、頑固になる高齢者に対して、戸惑ってしまう人も多いでしょう。しかし、高齢者と接する際には、**「相手の性格や考えは変わらない」**ということを前提にしていたほうがよいでしょう。

そもそも、高齢者にとって、長年かけて育んできた価値観や信念は簡単に変えることができないものなのです。

さらに、「怒りの性質」で述べたように、怒りは上から下に流れます。特に年配者を敬う文化や、上下関係を大切にする社会で生きてきた高齢者にとって、自分より年下の人から口うるさく指示されたり、自分の言動を否定されたりすると、プライドが傷ついてしまい、強い怒りを感じ、ますます意固地になるものです。怒り出した相手を言いくるめて変えることなど到底無理な話です。

高齢者と付き合うときにもっとも大切なのは、「プライドを傷つけないこと」。
決して相手を変えようとしたり、否定したりせず、尊重する姿勢を示しましょう。

頑固な高齢者には、「24時間アクトカーム(p.127)」が有効。穏やかな言葉やしぐさを心がけ、できる限りの尊敬の念を

示しながら接することで、コミュニケーションがスムーズになります

　「なるほど、そういうやり方もあったのね。さすが！」
　「私が気づかないことまで教えてくださり、ありがとうございます」
　「お義母さんといると、賢くなります」
など、感謝、尊敬の言葉を交えながら話すように心がけたいものです。

　人は目や耳からも多くの情報を得ています。表情や間の取り方、声の抑揚なども工夫し、それらが自分の言動に相手がどのような変化を起こしているのか、どのような反応を返してくれるのかを記録しておきましょう。相手のタイプに合わせて、うまく対処する方法を増やすことで、人間関係をつくるスキルも向上していきます。

ルール ３ ゆっくりと、お願い口調で話す

◇**周囲の迷惑を考えずに行動する**
◇**自分勝手にふるまう**

　加齢で前頭葉の働きが衰えると、的確な状況判断ができなくなり、周囲から見ると、配慮に欠ける行為をしてしまうこともあるでしょう。そんな高齢者のそばにいると、家族や支援者としては欠点ばかりが目について、イラっとすることも増えてくるでしょう。しかし、本人自身も日常生活でできないことが増え、ストレスを感じているのです。そもそも言動を指摘されたからといって、その原因の多くに老化現象が関わるため、欠点が直ることはなく、指摘するだけでは十分ではありません。

　高齢者の体の状況を踏まえ、自分の言いたいことを上手に伝えるときのポイントは、

「話すときはゆっくり穏やかに」

　人は、やめてほしいことを指摘する際、ついつい早口になってしまいます。しかし、早口で言われたことは高齢者には聞き取れないことが多いものです。聴力に関して、高齢者には次の4つの特徴があると言われています。

- **高い音から聞こえにくくなる**
- **小さい音は聞こえにくく、大きい音はうるさく聞こえる**
- **ぼやけた、割れた、歪んだ音に聞こえる**
- **早口の声はわかりにくくなる**

つまり、**「早口&高い声は聞き取りづらく、トラブルの元」**ということを理解して高齢者に接するとよいでしょう。

また、**「私は〇〇さんにこうしてもらえると、とてもうれしいです」と、主語を私(I)にして笑顔でお願い口調で話すと効果的**です(p.43参照)。

これは「アサーティブコミュニケーション」というテクニック。相手を傷つけずに、自分の言いたいことを上手に伝えたいときに大変有効です。

高齢者とのコミュニケーションでは、相手に「正しさ」「常識」を求めず、加齢によって変化する体の機能に配慮しながら、相手の感覚に寄り添っていく根気強さ、粘り強さが必要です。

ルール ④ 相手の言葉に反応しない

◇お前はいつもこうだと決めつける
◇だから若者はダメだと、非難ばかり
◇愚痴ばかり言う

　60歳を過ぎると抑制・判断の機能を果たす前頭葉の萎縮が始まると言われています。高齢者のある程度の暴言や愚痴は、機能的な問題と捉え、しかたがないことと受け止めたほうがよいかもしれません。
　しかし、高齢者の心ない暴言や、止まらない愚痴を聞いたとき、カッとなってしまい、とっさに相手に言葉を返していませんか？

　怒りのピークは、長くて6秒。その6秒の間に絶対してはいけないこと、それは「反射」です。
　つまり、相手の言葉に反応して、理性的に自分の言動をコントロールできないまま反射的に言い返す、感情的になって仕返しをすることです。

　相手が自分の両親であれば、「近い人ほど怒りは強くなる」という怒りの性質から、激しいののしり合いに発展し、その結果、自分が後悔することになるかもしれません。
　また相手が看護・介護すべき支援者の場合は、暴言・暴力などに発展し、不適切な対応として大きな問題になることもあります。

　しかも、**高齢者は、加齢によって記憶力が衰えますが、**

==「嫌なことをされた」「ひどいことを言われた」という嫌な記憶だけはずっと残る==のでとても厄介です。

相手の言葉を聞いたとき、イラっとしても、まず相手の言葉に反応しないことです。

高齢者の暴言の背景を想像してみるということも心に留めておきたいものです。

決めつけるような言い方や愚痴のようなネガティブなセリフも、「自分たちの時代や当時の苦労を知ってほしい」「もっと敬ってほしい」という気持ちの表れかもしれません。==高齢者の言葉の背景に思いを馳せ、捉え方を変えてみること==で、良好な関係を築くことにもつながります。

ルール 5 NGワードを使わない

高齢者に限らず、対人コミュニケーションでは、次のような言葉はNGワード。

責める言葉	なんで？　どうして？　なぜ？
強い表現	いつも　絶対　必ず
程度言葉	ちゃんと　しっかり　きっちり

これらの言葉は、本当にわかってほしいことが伝わらないばかりか、相手は責められていると感じてしまい、かえって反発を招いてしまいます。

そもそも「**なぜ**」と聞かれても、本人も理由がわからないときもあります。

「**いつも**」という強い表現を使うときは、相手を決めつけているだけ。事実よりも思い込みの部分も多く、互いの理解にはつながりません。

「**ちゃんと**」という言葉も、自分が思う「ちゃんと」と、相手の「ちゃんと」の程度が異なります。そのことを互いに理解できていないため、自分が思った通りに相手が動いてくれないと感じ、怒ってしまうのです。

これらのNGワード。あなたが言われたらどう感じますか？　より相手が理解できる的確な表現で伝えることを目指しましょう。

　相手の自尊心を傷つけない言葉を選んだり、相手の長所を認めるポジティブな声かけをしたりすると、相手の受け取り方も変わってきます。

NGワード

① 「**どうして**黙って出かけたりしたの？　心配したじゃない!」
② 「**いつも**私の指示は聞いてくれませんよね。いいかげんお薬飲んでください!」
③ 「読んだ本は、**ちゃんと**戻してください!」

こう言い換えよう

①「出かけるときは、ひと言声をかけてくれると私も安心です」
②「ちょっと不安かもしれませんが、このお薬飲んで元気になられた方がたくさんいますよ!」
③「〇〇さんって本当に読書家なんですね!　読んだ本はここに並べておいていただけますか？　そのほうが気持ちがいいし、私も読みたくなります!」

ルール ⑥ 過去のことを持ち出さない

「この前もあんな失敗したじゃない！」
「昔からお父さんって、私のことお兄さんと比較するよね」

　怒りを感じると、過去のことを持ち出してもっと相手を責めることがあります。しかし、相手は昔のことなど覚えていないもの。
　「そんなこと、ない！　勝手なこと、言うな！」と怒りを買ってしまいがちです。本人が事実とは違うことを勝手に思い込んでいることもあり、支援者と話が合わずに、互いに怒りが止まらなくなってしまうこともあります。

　過去は持ち出さないのが基本。過去を引き合いに出されると、高齢者は自分のやり方を否定されたと感じます。
　また、**言い合いになるとつい、我慢していた過去の嫌な思い出を持ち出して批判してしまう人もいますが、絶対にNG**です。高齢者にとって、自分が生きてきた時代や過去の出来事を、自分以外の誰かに否定されたり、非難されたりすることは、もっとも辛いことなのです。

　過去を振り返らせるよりも、これからどう生きていくのか。どういう行動を選択していくのかが大事です。
　残された時間を最後まで尊厳をもって生きていけるように、働きかけを工夫していきたいものです。

第2章

高齢者への イライラ対処法
家庭編

「キレやすい高齢の親に手を焼いている…」「両親のことを大事に思っているのに、些細なことについイライラしてしまう…」と悩んでいる人も多いのではないでしょうか。

「つい家族にはキレてしまう」その理由は、怒りには、「身近な対象ほど強くなる」という性質があるから。この章では、家族の困った言動にイライラしないテクニックを紹介します。

CASE 01

何度忠告しても運転免許証を返納しない

　80歳の父親に免許証の自主返納を勧めたいのですが、頑なに拒んでおり、その頑固さに辟易しています。電話でこの話を切り出すと、いつも怒って電話を切ってしまいます。

　都市部と比べ、地方では自家用車が唯一の足。高齢だからといってすぐに自主返納できない事情はわかっているつもりです。

　しかし、近年高齢者による運転の誤操作による事故が度々報道されており、いつ父親自身が加害者になるかと思うと、気が気ではありません。

高齢者だからといってなぜ運転できないんだ。オレは死んでも運転免許証を手放さん！

3ステップで整理しよう!

1 現状把握

▶ 故郷の「今」を知っているか?

　地方では、電車やバスなどの公共交通機関の路線が次々と廃止されている地域もあります。電車やバスの本数が少なくなり、さらに、目的地がバス停や駅から遠いと、体力的にも厳しい状況なのかもしれません。

▶ 父親の「今」を知っているか?

　年を重ねると、思うように体が動かなかったり、さまざまな体の不調に悩まされたりもします。高齢だからこそ、自家用車での移動が体力的にも時間的にも一番楽なのです。また、体が動くうちはできるだけ誰かの世話になりたくなく、自分のことは自分でやりたいという気持ちもあるのです。

2 振り返り

　故郷や父親の現状を知らずに頭ごなしに「運転免許証を返納すべき」と言われることを、父親は「理不尽」と感じているのかもしれません。
　父親の置かれた状況や環境、そして父親の気持ちを確認していますか? また、問いかけの中に、「80なのに運転している」「この頃、みんな、免許証を返納している」など、決めつけた表現が多くなっていませんか?
　こうした言葉は、父親にとっては反発したくなる言い方なのです。

3 最適な方法の検索

▶ 父親自身が「次から、こうしたい」と決められる提案を行っていますか?

▶ 穏やかな言い回しや口調で伝えていますか?

➡最適な解決法【ソリューション・フォーカス・アプローチ】
　過去や他人ではなく、「自分の将来」に目を向けて、「本人の意思」で解決策を導き出せるような働きかけをしましょう。

第2章 高齢者へのイライラ対処法　家庭編

CASE 01 何度忠告しても運転免許証を返納しない

これで解決!
「変えられる未来」にアプローチしよう

「ソリューション・フォーカス・アプローチ」を効果的に使う

「他人」や「過去」は変えられません。

アンガーマネジメントは変えられない「他人」や「過去」よりも、変えられる「自分」と「未来」に向かって努力していくことを大事にしています。

それが、ソリューション・フォーカス・アプローチという手法です。

この事例では、度重なる高齢者が起こす過去の事故を見ていて、父親を加害者にさせたくない。早く父親に「運転免許証を返納」させ、「運転すること」をやめさせるべきだという気持ちがあります。そして、返納に応じない父親を「頑固」だと決めてイライラしてしまっているのです。

父親の性格も過去も変えられません。ですから父親と一緒に、**未来に焦点を合わせて話し合うことを心がけましょう**。気をつけなければならないのは自分の価値観を父親に押し付けないことです。

「80歳を過ぎたら、運転免許証を返納すべき」
「心配している息子の言うことを聞くべき」
「事故によって加害者になると、自分にも害が及ぶので早く返納すべき」

このような、自分の価値観や都合を押し付けると、父親自身が「こうありたい」「こうしたい」という将来の姿をイメージできず、反発を招きます。

人は誰でも尊厳をもって生きています。その尊厳を砕く言葉からは何も生まれません。**父親自身がこれからどうしたいのかを決められるよう話を進めていくことを目指しましょう。そのためにも、今、父親がどんな状況で暮らしているのかを聞くことから始めることが大事**です。

1. 父親の体調や地域の公共交通機関の現状を聞く。
2. 運転での不安や困り感を聞く。
3. 今後、どうしたいか。自分から「こうしたい」という希望が言えるよう、言葉がけを工夫する。
4. 父親へのリクエストと、そのときの気持ちを添えて伝える。さらに、運転免許証の自主返納の特典情報など、メリットも教える。

こう言い換えよう!

 高齢者の車の事故のニュース、見たでしょ。オヤジはまだ運転してるの？ 息子

 父親 ああ。病院に行かなくちゃなんないしな。車がないといろいろと困るんだよ

そうじゃなくてさ、いつまでも運転していると事故るよ。父さん、**もう80**でしょ！

 80だから運転しちゃダメな法律でもあんのか！

ないけどさ、**この頃、みんな、免許証、自主返納してる**

 オレは死んでも運転免許証を手放さねえぞ

まったく。頑固オヤジが！　こんなに心配してるのに

ここがNG！

- ❌ **そうじゃなくてさ** →自分の意見を聞いてもらえないと自尊心が下がる。
- ❌ **もう80** →「年寄りはダメ」と決めつけて言われているようで反発心が生まれる。
- ❌ **この頃** →いつのことなのか、根拠を示していないのでこれも反発される。
- ❌ **みんな、免許証、自主返納してる** →みんなは全員のこと、全国のことなのか、どこの地域のことなのかもわからない。一方的に言うと、相手の怒りを招く。また、人の状況を言っても父親へのリクエストにはならない。

父さん、久しぶり。最近、体調はどう？

 父親 ああ、健診で血圧高くて、血液検査、ひっかかってさ。貧血気味だ 息子

どこの病院に行ってるの？

 ○○病院

遠いな。オレ、高校生の頃、バスあったけど、今、どうなっているの？

バスは今はないよ。電車もあるが、家から駅までが大変さ。車でねえと行かんねえ

そうか大変だな。高齢者の事故のニュース、多いから。父さん、運転してて困ったとか、ぶつかりそうでヒヤっとしたとか、なかった？

 そういえば、この頃塀にこすって、車傷つけてるな

そうか、注意しないとだな。これからも運転する？　どうする？

 ニュース見ると、確かに他人ごととは思えんが、悩ましいな

父さん、運転免許証を自主返納してくれると安心だし、うれしいよ。警察庁のホームページで調べたら指定タクシー業者の運賃が10％割引になるって。他にも特典があるけど、県ごとに違うから詳しく調べてみようか

 近所の鈴木さんも返納したみたいだしな。話を聞きに行ってみるか

CASE 02

疑い深くなり、ものをなくすと「盗まれた」と言う

　義母が最近物忘れやしまい忘れが増え、一日の多くの時間を探しものに費やしています。さらに、困っているのが、疑い深くなってきたこと。置いておいたはずの財布やハンコがなくなると、「盗まれた」などとありもしないことを言いふらすときもあります。「あなた、ハンコを隠したでしょ！」と妄想で勝手に怒りの矛先を嫁の私に向けるときがあるので、驚くと同時に、憤りを感じます。

私の銀行のハンコがない！
ここにあったはずなのに、
あなた、ハンコを隠したでしょ！

これで解決!「Iメッセージ」で伝えよう!

私を主語にして伝える(アサーティブコミュニケーション)

　物忘れ、しまい忘れは高齢者ではよくあること。しかし、「盗まれた」と勝手な妄想で家族を振り回すようになると困ってしまいます。一度思い込むとその思い込みにとらわれてしまうのも老化の典型的な現象なのですが、身に覚えもないことを疑われた人にとっては、ショックでしょうし、腹が立つことでしょう。

　しかし、問題は、「今、必要なものがその場にない」ということ。必要なものが探してもないのですから、不安になるのは当然です。疑われたことに対して感情的に反論しても、相手の不安が解消されない限り、妄想が止まるわけでもなく、かえって関係性が悪くなるだけ。

　==まずは「必要なものがない」という不安な気持ちに寄り添い、一緒に探す姿勢を見せましょう。その上で、冷静に自分の辛い気持ちもきちんと伝えましょう。ポイントは、主語を「I(アイ)」にして伝えること。==これは、「アサーティブコミュニケーション」という手法。

　==「お義母さんはどうして…」「お義母さんはいつも…」==
など、主語が相手になると責めているように聞こえます。

　==「私はお義母さんの通帳やハンコには触っていません。そんなふうに言われると、とっても悲しいです」==
と、私を主語にして伝えることで、相手を否定したり傷つけたりせずに自分の気持ちを伝えることができるため、相手もその思いを素直に受け入れやすくなるのです。

　また、==しまい忘れをしない対策を取っておくことが大事です。==
　自分たちもものの管理に困るときがあることを開示し、家族みんなで「しまい忘れ対策」の知恵を出し合ってみるとよいでしょう。家の鍵に鈴をつける、置く場所を決めておく、置いた場所をメモしておくなど、効果的だった方法を話し合うことで、ものの管理に困っているのは義母だけではないと理解し合えるでしょう。

第2章 高齢者へのイライラ対処法　家庭編

1. 義母の「盗んだでしょう」の言葉に応戦しない。
2. 大事なものがなくて不安な気持ちを受け止め、一緒に探す姿勢を見せる。
3. 主語を「I(アイ)」にし、そのときの気持ちも添え、メッセージを伝える。
4. 「しまい忘れ」は誰にでもあることを共有し、対策の知恵を出し合う。

CASE 03

見知らぬ人に暴言を吐いたり、手を上げたりする

　見知らぬ人に怒鳴る、言いがかりをつけるなど、最近父親の暴言が止まりません。私もつい父を責めてしまい、いつも大げんかになってしまいます。

　先日は、バスのクラクションに逆ギレして「うるさい！」と叫び、バスを止めようとしました。家族が「みっともないから、やめて」と止めようとすると、その言葉に逆ギレしてさらに怒り出すので、気がめいってしまいました。

うるさい！　こんな場所でクラクション鳴らすなんてけしからーん！

3ステップで整理しよう!

1 現状把握

▶父親が見聞きしたことは?

父親のいた場所で見えたこと、聞こえたことがあったからこそ、怒ってしまうような状況があったのではないでしょうか。何に反応していたかを聞いてみましたか?

▶父親の体の状態は?

年を重ねると聴覚にも変化が起きます。小さい音は聞こえにくく、大きな音はひどくうるさく感じるそうです。若い人には何ともない音が頭に響くように感じていたかもしれません。普段の生活で聞き取りの状態はどうでしたか?

2 振り返り

父親の言動に対して、すぐさま「みっともない」と言ってしまいました。
「売り言葉に買い言葉」になっていませんか?
父親の言葉にとっさに反射してしまうと、「そうした言動をやめてほしい」という、本来伝えたいことを伝えることができません。
また、実の父親とはいえ、大勢の人の前で注意すると、相手の自尊心を傷つけてしまいます。

3 最適な方法の検索

▶父親が見聞きした状況を把握できるよう、穏やかに問いかけていますか?

▶父親の言動に反射していませんか?

➡最適な解決法【24時間アクトカーム】

「今日は絶対に怒らない」という日を決めて、24時間穏やかな自分を演じてみます。相手を変えるのではなく、自分の言動を変えることで起こる変化を体験しましょう。

CASE 03　見知らぬ人に暴言を吐いたり、手を上げたりする

「24時間アクトカーム」を活用する

「穏やかな自分」に近づく練習をしよう

「アクト」は演じる、「カーム」は穏やかにという意味です。

一日限定で怒らない日を決めて、穏やかで優しい自分を演じてみます（p.127参照）。たとえイラっとしても、心が沈んでしまっても、その日一日だけは、言葉遣いや表情、しぐさなどは穏やかな人を演じ切ります。

その日の最後には、自分の言動によって、周囲の人の対応がどのように変わったのか振り返ってみましょう。自分が穏やかに問いかけると、相手がどう変わるのか観察することで、よりよい対応法が見つかるはずです。

「お父さん、何かあったの？」

父親に呼びかける言葉はもちろん、声のトーンも、表情も穏やかにします。相手の状況を把握しようとする姿勢を示すことで、自然と相手が心を開いてくれることでしょう。

私たちは、とかく相手の言動を変えようと思うあまり、怒りが続いてしまいます。しかも、相手の状況を確かめずに臆測で判断しがちです。

相手の言動には必ず意味があります。自分が大事にしている価値観や信念、何かが侵害されていると感じたとき、怒りの感情が起きるからです。

怒りの背景に気づき、適切に対応するためには、穏やかな問いかけが有効です。

しかし、常に穏やかな自分でいたいと願っても、一朝一夕でなれるものではありません。だからこそ、時々、このように24時間穏やかに過ごす練習を重ねていくとよいでしょう。「怒らない一日」の練習を重ねていると、実際に怒りの場面に出合ったときに対処できるようになります。アンガーマネジメントは「心理教育」、「心理トレーニング」。練習することでスキルも上達していくものなのです。

1. 父親の言動に反射しない。
2. 父親が見聞きしている状況を自分が把握していないのではないかと自覚する。
3. 父親に穏やかに呼びかけたり、復唱したりする。
4. 相手の目を穏やかな表情で見るようにし、頷きながら聞き、終始穏やかにふるまってみる。

こう言い換えよう!

 NG

父親:「うるさいんだよ! こら〜」

娘:「みっともないから、やめて!」

父親:「オレはバスのクラクションがうるさくて注意しただけなんだぞ」

娘:「だからって、怒鳴ってどうするの? 恥ずかしいでしょ」

父親:「おまえもうるさいんだよ!」

娘:「周りの人も迷惑がっているでしょ? それがわからないの?」

ここがNG!

- ✗ みっともないから → 人前でさげすむと相手の自尊心が傷つく。
- ✗ やめて → 最初にさげすんでしまったので「やめてほしい」が全く伝わらない。
- ✗ 恥ずかしいでしょ → 相手の行動を自分の価値観だけで評価している。
- ✗ 周りの人も迷惑がっているでしょ → 周囲の人を引き合いに出すことで父親の言動が不当であることを強調している。自分のメッセージにはなっていない。

 GOOD

父親:「うるさいんだよ! こら〜」

娘:「お父さん! どうしたの? 何かあったの?」

父親:「バスが急にクラクション鳴らすから、耳がギンギン痛いんだよ!」

娘:「そうなんだね。クラクションの音が耳に響いて耳が痛いんだね」

父親:「こんな人の多いところであんな大きな音を出すなんてけしからん!」

娘:「そうか。でもどうしてバスの運転手さんはクラクション鳴らしたの?」

父親:「バス停の前に車が止まっていたからだろう。だからって…」

娘:「お父さんがバスの運転手だったら、どうする?」

父親:「そりゃあバス停に車を止めたやつに注意するだろう。まあ、バスの運転手はバスを降りられないから、クラクション鳴らすしかないんだろうが…」

娘:「そうだよね。でもやっぱり急にクラクション鳴らされたらびっくりするよね」

父親:「そうなんだよ。まったく…。まあ、でも悪いのは車を止めたやつだな」

娘:(お父さんも今日は穏やかだわ。今日はけんかしないで済んだ!)

第2章 高齢者へのイライラ対処法 家庭編

CASE 04

自分のやり方へのこだわりが強く子供にも強要する

　一事が万事、自分のやり方を絶対に曲げず、年々頑固になっていきます。

　例えば、洗濯物の干し方に対するこだわりは大変強く、Tシャツもセーターもビンビンと伸ばせるだけしわを伸ばすので、衣服がよれよれになります。「引っ張り過ぎだ」と指摘すると、「しわを伸ばさないあなたがだらしない」と怒り出します。こだわりが強いだけでなく、自分のこだわりを人に押し付けてくるので、苛立ってしまいます。

> タオルは一枚一枚、伸ばして干しなさい！
> あんた、しわも伸ばさないで干すなんて、
> だらしなくて主婦、失格よ

3ステップで整理しよう!

1 現状把握

▶ 母親のこだわりは?

　母親がこだわっていることを一度洗い出してみましょう。母親が生れた時代の背景によってものに対するこだわりは子どもの想定を超えるものがあります。何にこだわっているのか？　そこにどのような願いや思いがあるのかを探そうとしていますか？

▶ 母親のやり方で許せることは?

　母親とご自身の生活のしかたは全く違います。親だから自分と同じ価値観だとは限りません。母親のやり方で許せることはどんなことですか？　どこまでなら母親の自由に任せられますか？　一つ一つ検討していますか？

2 振り返り

　怒りは三段階のメカニズムで生まれます。
　「母親が洗濯物のしわを伸ばして干している」に対して、「洗濯物は強くしわを伸ばすべきではない」と意味づけると、母親の行動に怒りを感じるのです。

3 最適な方法の検索

▶ 母親の行動で強いこだわりがあることがらを見つけていますか?

▶ 母親の行動に対して、自分が許せることは何かを考えていますか?

➡**最適な解決法【3(スリー)コラムテクニック】**
　自分の価値観で母親の言動を判断していると怒りは収まりません。自分の「べき」の境界線を広げ、どう考えれば母親の言動を「まぁ許せる」に持っていけるか、リフレームする方法を身に付けましょう。相手を変えるのではなく、自分の言動を変えることで起こる変化を体験しましょう。

CASE 04 自分のやり方へのこだわりが強く子供にも強要する

これで解決！ 3コラムテクニックを活用する

「自分のべき」を書き換え、「べき」の境界線を広げる

自分の怒る原因となる「べき」の歪みを見つけ、書き換えるための方法です。
やり方は次の3段階で考えていきます。

① イライラした出来事を書き出す。
② 自分の「べき」を挙げてみる。
③ 自分にとっても相手にとってもどうすれば長期的に幸せになれるか考え、②の自分の「べき」と意味づけを書き換える(リフレームする)。

大事なのは③です。相手のこだわりをたしなめるのも、自分さえ我慢すればと抱え込んだりするのもどちらも幸せとは言えず、健康的ではありません。

年配者にとって、これまで自分が行動してきたことを変えることは容易なことではありません。母親の行動を頭ごなしに怒る、正そうとせずに、「自分のべき」を捉え直し、自分が相手に対して譲れる部分がどこか、どこまでなら譲れるのか考えてみましょう。
母親の行動の背景を探ることで、相手の行動を許せる範囲が広がるかもしれません。
例えば、「洗濯物のしわは強く伸ばすべきではない」をこんなふうに書き換えてみます。

「過去に洗濯物を強く伸ばす必要があったのではないか」
「母親の衣服や日用品であれば強くしわを伸ばしてよいのではないか」
「母親には強く伸ばす力があって、元気な証拠だ」
「何よりも母親が自分のことを自分でやり遂げ、自立した生活をしているのがすごい！」

こう考えると、しわを伸ばしていたことには怒る必要がなくなります。そして、母親の頑張りが見えてくるようになります。捉え方を変えるだけで、一瞬イラっとしても「許せない」気持ちが「まぁ許せる」となり、穏やかな状態で過ごせることも増えていきます。

1. 母親のやり方を否定せずに認める。
2. 母親の行動への意味づけをリフレームする。
3. どう考えたら許せるのか、自分の「まぁ許せるゾーン」を広げる。
4. 「まぁ許せるゾーン」を広げたら、イライラしないと決める。

こう言い換えよう!

NG

 タオルは一枚一枚、伸ばして干しなさい
母親

 お母さん、**引っ張り過ぎじゃないの？ 服、よれよれで恥ずかしいよ**
娘

 引っ張り過ぎ？ あんた、しわも伸ばさないで干すなんてだらしない！

 ええ、なんでだらしないまで言うの？ お母さんに言われたくないわ！

 いいの、これが私のやり方！

 前から言おうと思ってたんだけど、効率悪すぎだよ

 私のやり方だから、ほっといてくれない？

ここがNG!

- ✗ **引っ張り過ぎ** → 母親がやっていることを否定している。自分の価値観をぶつけているのでけんか腰になっている。
- ✗ **服、よれよれで恥ずかしいよ** → 洗濯だけでなく、その結果生じていることまで言っているため、母親の自尊心まで傷つけている。言わなくても済んだこと。
- ✗ **前から言おうと思ってたんだけど** → 過去にさかのぼって怒りをため込んでいることがNG。持続性は問題となる怒り方の一つ。

GOOD

 タオルは一枚一枚、伸ばして干しなさい
母親

 お母さん、いつも丁寧にしわ伸ばして干すんだね
娘

 昔はね、ローラーで挟んで脱水するから、しわだらけになるの。だから、こうやってぱんぱんたたいて干してたのよ

 そうだったんだ。習慣ってずっと残るんだね

 少しでもしわがあると気持ちが悪いでしょう。あなたもちゃんと伸ばしなさい

 はいはい
（一枚一枚大変だけど、これがお母さんの健康法なのかも。
高齢者のアイロンは消し忘れが心配だし、これはこれでよしとしよう）

第2章 高齢者へのイライラ対処法

家庭編

CASE 05

誰かを頼ったり、助けられることを極端に拒む

　病気がちだった両親の面倒を見なければと思い、結婚後も近所に家を建て、何かあれば駆けつけられるようにしていました。父が亡くなり、一人残された母親には同居を勧めたり、顔出しに行ったりするのですが、「あんたたちの世話にはならんから」と言って、家族に世話を焼かれることを嫌がります。

　足腰が弱くなったと言っていたので、先日トイレを手伝おうとしたら猛烈に反発されました。

あんたたちの世話にはならないから！
大丈夫って言ってるでしょう？
老人扱いしないで！

3ステップで整理しよう！

1 現状把握

▶ 夫を見取った母親の気持ちは？

　自分の健康がままならない中、夫の看病にあたり、見取ることは想像以上に大変だったことでしょう。そのときの母親の気持ちを理解しようとしていましたか？

▶ 母親の言葉に隠された思いは？

　「世話にならない」ということを別の視点で考えてみましょう。
　母親の言葉に隠された思いは何でしょうか？

2 振り返り

　家族の前では気丈にふるまっていても、内心は誰にも理解してもらえない寂しさや悔しさを抱えていたのではないでしょうか？
　また、「世話にならない」という言葉には「あなたは自分の持ち場をしっかり守って。私は何とか一人でやってみるから」という親心が隠されているのではないでしょうか？　子育てと老親の介護、そして、仕事の3つを同時にやっていくことは身体的にも時間的にも女性への負担が大きいものです。

3 最適な方法の検索

▶ 母親の言葉に隠された理想や願望、希望を象徴する「べき」を理解していますか？

▶ 一番あなたに伝えたい思いを見出していますか？

➡最適な解決法【べきログ】
　私たちには自分の願望や希望、欲求を象徴する言葉、「べき」をもっています。相手の「べき」を知ることで理解が深まります。

CASE 05 誰かを頼ったり、助けられることを極端に拒む

これで解決！「べきログ」を活用

お互いの「願望、希望、欲求を象徴する言葉」を書き出してみる

　自分の中の「こうすべき」を書き出し、自分の価値観を客観視するのが「べきログ」という手法。怒りの正体は、自分の「べき」です。自分の願望、希望、欲求を象徴する言葉「べき」が目の前で裏切られたとき、イライラするのです。

　ですから、**自分や相手にはどのようなべきがあるのかを書き出してみると、お互いの怒るポイントが視覚化でき、話し合いもスムーズにいきます。**

母親のべき

「娘には迷惑をかけるべきではない」
「自分でできることは自分でやるべき」
「夫が建ててくれた自宅に最期まで住むべき」
「娘には娘の家族があるので、それは娘自身が守るべき」

自分のべき

「母親は娘を頼るべき」
「足腰も弱っているので、介助を求めるべき」
「体が動かなくなってから一緒に住むのは大変なので、比較的健康なうちに同居すべき」

　話し合う際には、自分の「べき」を主張し合うだけでは結論に達しません。相手の主張も聞き、「ここまでなら譲れる」という点も一緒に考えておきましょう。相手を否定せず相手の考えを引き出していくことが大事です。

　また、体の機能が低下し、日常生活で不自由なことが増えてくると自信を失いがち。**できる範囲で役割を与えて頼ってあげると、迷惑をかける存在ではなく、役に立てる存在であると感じ、生きがいを感じられるようになるでしょう。**

解決ポイント！

1. 母親の言った言葉に反射し、自分の考えだけを押し出して反発しない。
2. 母親と自分のべきを照らし合わせて、どこまでなら譲れるか、どのような解決策があるかをシミュレーションしておく。
3. 母親の考えをじっくりと聞き、「今」できることを見出していく。
4. 役割を与え、誰かに頼られることで生きがいや存在意義を感じてもらう。

こう言い換えよう!

NG

母親:　あんたたちの世話にはならないから

娘:　どういうこと?　お母さん、一人で暮らせるの?
一戸建ての家は管理は**大変だし**、
毎日、来られるわけじゃないのよ

母親:　お父さんが建てた家だもの、死ぬまでここに暮らしていくわ。
ちょっとトイレに行くわ

娘:　トイレ?　手伝うよ

母親:　大丈夫って言ってるでしょう?　さっさと帰って

娘:　こっちは**ずっと心配してるのに**。まったく!　**もう面倒見ないから**ね!!

ここがNG!

✗ **どういうこと?**→母親の考えを聞き出せたのに、相手を責める言い方をした。

✗ **大変だし**→家屋の管理の心配をし、母親が実家を大事にしていることに気づいていない。

✗ **ずっと心配してるのに**→自分の気持ちを言っているが、自分が相手にどうしてほしいのか、リクエストの言葉が入っていない。

✗ **もう面倒見ないから**→自分の結論を言い、話し合いの土俵に立っていない。

GOOD

母親:　あんたたちの世話にはならないから

娘:　(そうきましたか。「子供の世話になるべきではない」だね)
そうか。でもお母さんはこれからどうしたいの?

母親:　お父さんが建てたこの家で最期を迎えたいわ

娘:　そうか、お父さんと一緒に守ってきた家が大事なのわかる

母親:　それに、私がお前の家に行けば、厄介ばかりかけるし

娘:　「迷惑をかけるべきでない」って思っているんだね。
そうか。でも私はお母さんに頼ってほしい。
私だってお母さん頼りたいし。
実は最近私仕事が忙しいのよ。
元気なときでいいから、家に来てご飯作ってもらえるとありがたいな

母親:　それは孫もかわいそうね。足の調子がよいときは行ってあげるわ

娘:　お母さん、うれしい!(一緒に暮らす件はまた相談しよう)

第2章　高齢者へのイライラ対処法　家庭編

CASE 06

治療に専念せず、病気の原因を探し回る

　母親はマイナスの状況が起きると原因探しを始めます。
　最近、母親自身が体調不良で通院が始まると、原因探しは以前にも増して激しくなりました。家中の家具の位置が悪い、床の間に置いている飾り物が悪さをしていると言い出しました。医師は、まず、夜眠れるように昼間の生活のしかたを工夫し、時間通りに薬を飲むことを勧めますが、守っていないようです。

私が病気になったのは
家中の家具の位置が悪いからだ！
あの飾り物も誰が買ってきたの？
あれもこれも全部父さんのせいだ！

3ステップで整理しよう!

1 現状把握

▶ 母親のイライラを止められる?

病気になった母親のイライラ、焦りを止めることができますか? 母親は本当はどんな気持ちだったかを理解していますか?

▶ 相手の怒りに振り回されていない?

母親がイライラをぶつけてきたときに、反射してすぐに言い返していませんか? 「相手の言葉に反応しない」「NGワードを使わない」がルールです。

2 振り返り

理屈では病気になった母親の不安を理解しようとしても、母の心ない言葉や行動に対して疑問を感じるのは無理もないことです。

これまで私たちは「怒りのしくみ」「考える手立て」「行動の選び方」を学んでいませんでした。出来事を客観的に分析し、自分のためにも母親のためにもよりよい人生を築き上げていける方法を見つけていきましょう。

3 最適な方法の検索

▶ その出来事は自分の力で「変えられる/変えられない」、自分にとって「重要/重要でない」か?

▶ 自分や周りの人にとって長期的に見ても健康的か?

➡最適な解決法【「変えられるか」「変えられないか」で線引き】

出来事を「変えられる/変えられない」、「重要/重要でない」の2つの軸で線引きし、4つの箱をつくり、選んだ箱にふさわしい行動を選択します。

CASE 06　治療に専念せず、病気の原因を探し回る

怒りを整理し、行動をコントロール

「変えられるか」「変えられないか」で線引きしてみよう

　私たちは自分の力で変えることができず、自分にとって重要でないことにも白黒をつけ、評価し、怒ってしまいがちです。

　母親が神経質になって、病気の原因を追及したくなるのは病気からくる不安、焦り、過去の肉親や友人との別れが想起されるからです。そのことを変えることはできません。

　変えられない相手に対して、自分がどのような行動を取れるかを考えていくことが大事です。**怒りを感じる出来事が自分の力で「変えられる／変えられない」、「重要／重要でない」の2つの軸をもち、選んだ行動が「自分や周りの人にとって、長期的に見ても健康的か」を自分に問いかけ、行動を選択していきましょう。**

　この場合、あなたにできることは、いったん冷静に母親のことを受け止めてあげることです。一緒に悲しむ必要はありませんが、怒る必要もないのです。「そうなんだね」と肯定的な言葉を返すだけでよいのです。

	自分で変えられること	自分で変えられないこと
重要なこと		・治療に専念してくれない。 ・医師の言うことを聞いてくれない。 →様子を見て、機嫌のよいときに昼間の散歩と時間通り薬を飲むことを促す。
重要でないこと		・病気の原因を家具の位置のせいにしている。 ・父のせいにしている。 →聞き流す。

ここがポイント!

1. **母親の言動が「変えられる／変えられない」か、「重要／重要でない」かを線引きし、4つの箱に分類する。**
2. **①でつくった4つの箱から、自分が選んだ箱にふさわしい行動を見極める。重要でないことは、聞き流すと決める。**

こう言い換えよう!

NG

母親: 私が病気になったのは家中の家具の位置が悪いからだ。
それに床の間の「鷲」の飾り物、あれが悪さしている。
誰が買ってきたんだか、父さんのせいだ!

娘: 母さん、**原因探しばっかり**。
家具と病気、関係ないでしょ!
あれは父さんと一緒に**気に入って買ったんじゃないの?**

母親: 父さんが勝手に買ってきたのよ!

娘: もう、**それよりも**、薬飲んでる?
病院の先生が「昼間の散歩がいい」って言ってたよ!

ここがNG!

✘ **原因探しばっかり** → 相手の言動に対して自分の評価を加えてしまうと反発しか返ってこない。

✘ **気に入って買ったんじゃないの?** → 自分の思い込みを加えて言っているので母親が知っている事実と異なる。そのため、さらに母親が怒り出してしまう。

✘ **それよりも** → 母親が気づいてほしい点を差しおいて、自分の思い通りに進めようとする意図が見えるので母親は腑に落ちない。

GOOD

母親: 私が病気になったのは家中の家具の位置が悪いからだ。
それに床の間の「鷲」の飾り物、あれが悪さしている。
誰が買ってきたんだか、父さんのせいだ!

娘: (母が思っていることは変えられないし、
私にとっては重要じゃないから、ここはいったん、何も言い返さず、
母の言うことを聞いておくことにしよう)
そうなんだね。家具や飾り物のことが気になっていたんだね

母親: 家具の重みが自分の体にのしかかっている気がする。
飾り物も鳥の命を粗末にしているようで、
見ていると辛いんだよ

娘: そうだったのね。飾り物、父さんと相談して場所を移すね

母親: お願いね。そうでないと病気も早く治らないよ

娘: お母さんも病気を早く治したいんだね。
病院の先生が「昼間歩くといい」って言ってたよ。
そのほうが回復が早まるみたいだから、
これからスーパーまで一緒に、ゆっくり歩いてみようか

第2章 高齢者へのイライラ対処法 家庭編

CASE 07

食器や鍋が汚れたまま使おうとする

　帰省するたびに食事が喉を通りません。なぜなら、鍋や食器が汚れたままになっていて、清潔でないことをたびたび見ているからです。年を取ると身体の機能が落ちてくることはわかっているつもりです。しかし、汚れが落ちていない状態で料理をし、汚れが残る食器に盛り付けるので、気持ちが悪くてイラっとします。

鍋が汚れている？
そんなことで目くじら立てるなんて。
親に向かって失礼な！
食べたくないなら勝手にしなさい！

「スケールテクニック」を活用する

「怒りの温度計」で怒りを数値化する

両親の老いは台所に表れるとよく言われます。

> 「母さん、この鍋汚い！ 洗ってるの？ 不衛生じゃない」

ついイラっとしてキツイ言葉で責めていませんか？ 結局どう改善していくか、手立てを講じておらず、お互いに嫌な思いを残すだけになります。
相手を責めることを避け、できていることを見つけていきましょう。

まず自分が冷静になることが必要です。汚れに対して神経質になっているために、些細なことにも激昂していませんか。顔を赤くしたり、大声を出したり、ドアをバンと大きな音を立てて閉めたりするのは怒りの強度が高い証拠。怒りが強い傾向の方は自分の怒りに数値をつけてみましょう。

122ページと123ページを参考にして、怒りを感じるたびにその出来事を記録し、そのときに数値も書き入れてみます。
「10が人生最大の怒り」とすると、「自分の今の怒りは5ぐらいか」と理解できるのではないでしょうか。数値をつけることで捉えどころがない怒りを客観化でき、把握することができます。

> 「引き出しに入っていたスポンジ、水だけで汚れが取れる優れものだよ。私も使っていて、ぴかぴかになってうれしくなるんだよ」
> 「鍋や茶碗を洗ったら、さっと指で触って確かめてみてね」

このように冷静に改善策を提案すれば、母親もやってみようと思ってくれることでしょう。

1. 怒りを感じるたびに、温度計を思い浮かべる。
2. 10が人生最大の怒り、0が穏やかな状態。今回の怒りの温度は？ と問いかけ、自分の怒りに温度をつけることで、怒りを客観化し、把握する。
3. 冷静になったところで、無理のない改善策を提案してみる。

CASE 08

身なりに気を遣わず、風呂にも入らない

　年を重ねるにつれ、外見に気を遣わなくなった母。季節外れの服や古くなった服を平気で着て、出歩くようになりました。お風呂も面倒だと言って入らず、髪もボサボサな状態…。

　そんな母を見ると悲しくなり、つい「みっともないよ」「そんな恰好、恥ずかしいよ」と言ってしまうため、「おまえに関係ない！」「放っておいて！」とけんかになってしまいます。

年寄りがおしゃれしてもしょうがないでしょ！　面倒なのよ。放っておいてちょうだい！

これで解決！「プレイロール」を実践

「ほめ上手な人」を真似しよう

「プレイ」は演じる、「ロール」は役割のこと。

普段から、自分が「こうなりたい」と思うような、穏やかでほめ上手の人はいませんか？ **お手本となる人を見つけ、話し方や態度を真似してみましょう。**

普段ほめ慣れていない人は練習が必要です。ほめ上手な人は表情も言葉遣いも、話しかけるタイミングも逸することがなく、一瞬で楽しい雰囲気をつくっていきます。友人や知人だけでなく、テレビを見て、著名人のやりとりから学ぶのもよいでしょう。

お母さんは服選びが億劫になっている場合があります。出かけるときには、**事前に電話で服装のアドバイスをしておきましょう。**

「お母さん、今度のランチ、お母さんの好きな和食にするね。秋口だから落ち着いた色合いの服がいいね。お母さん、色白だからベージュのワンピースはどう？」

その上で、「一緒にランチができるのが楽しみであること」を伝えておきます。

当日顔を合わせたら、服装の色合いがよいこと、似合っていることなど、自分がお手本とする人を意識しながらほめましょう。まず自分から母親に前向きな言葉をかけ、明るい雰囲気を出していくことが大事です。

一緒に食事をしているところや一緒に並んでいるところを撮影し、送ってあげましょう。**誰かに外見をほめられ、記録に残してもらうことで、おしゃれにも前向きになってくれるかもしれません。母親が自信と意欲をもてる工夫が大事です。**

第2章 高齢者へのイライラ対処法　家庭編

ここがポイント！

1. ほめ上手な人の言葉遣いや声のトーンを真似して練習しておく。「素敵だね」「自慢のお母さんだわ」「この色はとっても顔が明るく見えるよ」と自然に言葉が出てくるように考えておきます。
2. 事前に母親のコーディネーター役を申し出て、優しくアドバイスする。
3. 写真を撮り、おしゃれを楽しむ喜びを共有する。

CASE 09

濃い味付けを好み、薄味を嫌うため健康が心配

　義父は血圧が高めなので、おかずは薄味にしているのですが、濃い味が好きなようで、醤油やソースをたくさんかけて食べます。最近はみそ汁にも醤油をかけるなど、こちらが心配になるくらい味を濃くするようになりました。

　老化による味覚の変化かもしれないと思うのですが、せっかく作った料理にドボドボと醤油をかけられるとイラっとします。

今日のみそ汁は薄味すぎるんじゃないか？
これじゃ食べた気がしない！
もっとちゃんと味付けをしろ！

これで解決！「ブレイクパターン」を試みる

「自分が変えられること」に目を向け工夫する

　濃い味が好きな義父の行動をいさめたり、正そうとするのではなく、作り手側が変えられるものがないか、一度自分の行動のほうを見直してみましょう。

　「ブレイクパターン」は、いつもやっているパターンをブレイク、壊すこと。

　私たちはワンパターンに行動していることが多いものです。ご家庭での食事も同じような食事になりがちではありませんか？
　他の食品との組み合わせや、醤油の容器など、工夫できる点も多いのではないでしょうか？　相手を無理に変えるより、自分で変えられるものを変えていくほうが、結果としてよい結果を導くものです。

　食材や食べ合わせを見直し、工夫できることがないかを考えてみましょう。
　塩分は「摂取」と、もう一つ、「排出」が大事です。体外に塩分を排出するためには「カリウム」などのミネラルを多く含む、アボカド、バナナ、メロン、キウイフルーツといった果物や海藻、豆類などを多く取ると効果的です。

　容器や食材を変える方法もあります。

　醤油差しは、出し過ぎを防ぐプッシュタイプやスプレータイプもあります。スプレータイプは食品全体にまんべんなくかけられるので、減塩したい人にお薦めです。塩も、天然塩にはマグネシウム、カリウム、カルシウムが含まれています。成分を見て変えてみることもお勧めです。義父にとって、ストレスなく塩分摂取過剰を防ぐ手立てを見つけてみましょう。

第2章 高齢者へのイライラ対処法　家庭編

ここがポイント！

1. 義父が醤油をかけていることをその場で責め立てない。
2. 塩分を排出するカリウムを多く含む食品を調べ、それらを組み合わせた献立に変えてみる。
3. 醤油差しの容器を変えてみる。
4. 塩の成分も吟味し、ミネラル分が含まれているものに変えてみる。

CASE 10

声が大きいのに、声をかけると聞こえないふり

　久々に家族で集まり新年会を開きました。すると、父親が急に大きな声でしゃべり始めました。2歳の息子は声が大きい父を怖がって近づかなくなってしまいました。しかし、私が父の食事や体調のことを気づかって声をかけると、聞こえていないふりをするのです。何度も声をかけると、また大きな声で「うるさい！」と怒り出す。こんな父親の態度に腹が立ってしかたありません。

おい！ オレの話をちゃんと聞いているのか？

ボソボソ話しかけてくると思ったら、食事の心配？ よけいなお世話じゃ！

ストップシンキングを活用

白い紙をイメージし、思考を停止する

人は出来事に対して、自分の「べき」で意味づけをしてしまいます。
「いきなり大きな声で話し出すべきではない」
「自分が声をかけたら、きちんと返事を返すべき」

このように自分の側から見て、父親の言動を判断しています。
ところが、父親には父親の思いがあります。家族が増えてうれしくて、感情が高まり、つい大きな声を出してしまっているのかもしれません。

そもそも老化によって聴力が衰えると、自分の話している声を聞き取りながら声を調整することが難しくなるものです。ですから、周囲には必要以上に大きな声で話しているように聞こえてしまいます。

さらに急に声をかけられても、よく聞き取れないことも多いのです。反応がないからといってイライラしながら何度も話しかけると、相手もストレスを感じ、怒り出してしまうこともあるでしょう。

高齢者にとって、聴力の低下はやむを得ないことと割り切りましょう。
そして、イライラが募ってきたら、いったん、そのことを考えることをやめてみましょう。よけいな意味づけをしてしまうので、怒りが続いているのです。
自分の考えだけが正しいと思い込んでいると、怒りは収まりません。

119ページを参考に、頭の中をからっぽにしてみましょう。何も考えずに、気持ちを今に集中し、目の前の父親の気持ちに寄り添うことで、その場も和み、よけいな言い合いを避け、家族にとって有意義な時間となるでしょう。

1. 自分の「べき」で父親の言動を判断しない。
2. 頭に白い紙をイメージし、父親に対する評価、意味づけをいったんやめる。
3. 父親の言動に反応している参加者の様子もいったん見聞きしないようにする。
4. 父親が新年会の様子をどう感じているのか想像してみる。

CASE 11

お金がないと言いつつ、高価なものを買う

　実家の母親は、「年金暮らしだから節約しないと」「お金がないから」が口癖だったのですが、年々お金の使い方が荒くなり、心配です。

　久々に帰省したら、老夫婦には必要ないくらい大きなサイズの冷蔵庫がど〜んと据え付けられていました。狭い部屋の端には、革張りの高級電気マッサージ機が…。どちらも家電量販店で勧められたというのですが、判断力が鈍っている気がして、詐欺にあわないかと心配です。「老後への備えはどうなのか」と聞くと、怒り出してしまい、話になりません。

年寄りが新しい家電を買って何が悪いのよ！すぐに浪費って決めつけるんだから！

3ステップで整理しよう!

1 現状把握

▶ 母親の気持ちは?

わが子が独立すると、子育てから解放されてほっとするのと同時に、「虚しさ」や「寂しさ」を感じるときもあります。そんなとき、販売員など、いつも機嫌よく自分の話を聞いてくれる人を求めてしまう傾向があります。母親の本当の気持ちを聞いてあげていましたか?

▶ 母親が取り組んでいることは?

たまに帰省すると、新しく購入した商品につい目がいきがち。けれども、品物以外にも変化はあったはず。わが子や孫に会えない時間に母親が新しく取り組んでいたことはありませんでしたか?

2 振り返り

母親が買ったものに対して、「生活必需品以外の買い物」=「無駄遣い」と決めつけてはいませんか? 決めつけたり思い込みだけでイライラしても何の解決にもなりません。母親が買い物をして満たそうとしているのは「心」なのです。その心に少しでも気づけるように自分の観察する視点を変えていきましょう。

3 最適な方法の検索

▶ 実家の変化に目を向けようとしていますか?

▶ 母親自身が取り組んでいることに目を向けていますか?

➡最適な解決法【事実と思い込みを分ける】

「浪費している」は自分の思い込み。事実は「孫が帰省したらたくさんご馳走したいと思っている」「寂しくて、会話を求めている」であることに気づくことで、対応が変わってくるでしょう。

第2章 高齢者へのイライラ対処法 家庭編

CASE 11 お金がないと言いつつ、高価なものを買う

これで解決！
事実と思い込みを分けて考える

浪費と決めつけず、言いたいことは、相手をいい気分にさせてから言う

　このケースの場合、節約派だと思っていた母が、突然不必要と思われる高額商品を買い始めたことに戸惑い、「老後の貯えを浪費しているのでは？」「もし詐欺にあったらどうするの？」など、今後のことが心配になったことが第一次感情です。そして、自分の心配をよそに買い物を続ける母に、怒りがわいてしまっているのです。
　しかし、相手を否定し続けるような言葉は、かえって意固地にさせてしまい、そのストレスからますます衝動買いに走ることも考えられます。
　また、詐欺を心配するのであれば、高額商品を購入したり、お金を振り込む前に、気軽に相談してくれるような良好な関係づくりをするほうが得策です。でも、自分が買いたいものをすべて否定するような人には、絶対に相談しなくなるでしょう。

　「浪費」という思い込みをやめて、「母がなんでも相談しやすい自分になる」ということを目標にしてみましょう。例えば、母の行動を別の視点で捉えられるように、以下のような行動を試してみましょう。

　まず、気に入って買ったものは否定せずに、どんな点が気に入ったか話してもらいましょう。相手がいい気分になったら、「次は買う前に相談してくれるとうれしい」という自分の気持ちを、私を主語にして、Iメッセージで伝えます。
　さらに、「無駄遣いが増えた」以外の実家の変化や母の変化に目を向けましょう。寂しさから、販売員との会話を求めて、買い物に走っていることもあるかもしれません。最近取り組み始めたことについて話を聞き、大いにほめ、買い物以外のことに生きがいや喜びを感じられるようにしてあげたいものです。
　頭で理解しても、実家の高額商品を目にすると、イラッとしてしまうこともあるでしょう。冷静に対処するためにも帰省する前にシミュレーションしておくとよいでしょう。

1. 「浪費している」と決めつけられる母親の気持ちを想像してみる。
2. 詐欺が心配なら、相手が相談しやすい自分を目指す。
3. 実家に「浪費傾向」以外にどのような変化が起きているかを見つける。
4. 母親が取り組んでいることに興味をもって尋ね、自己肯定感がもてるようにする。

こう言い換えよう!

 NG

 お母さん、冷蔵庫、新しくしたの?　娘

母親 ああ、孫たちがやってくると買ったものが入り切らなくてね

 こんなに大きいのは**必要ないんじゃない?**
年に2回ぐらいの帰省なのに、わざわざ**買わなくても!**

 販売員さんもお勧めだったのよ

 そんな口車に乗せられて、**詐欺にでもあったらどうするの?**
老後のお金大丈夫?

 なんであんたは文句ばかり言うの?
冷蔵庫のことはあなたには関係ないでしょう?

ここがNG!

✕ **必要ないんじゃない?** → 購入した理由を聞く前に、自分の考えを言っている。
✕ **年に2回ぐらい** → 母親の思いは無視して、状況だけを指摘している。
✕ **買わなくても** → 「必要ない」「買わなくても」と自分のしていることを何度も否定されると、かえって意固地になってしまう。
✕ **詐欺にでもあったらどうするの?** → まだ起きていないことを持ち出して否定している。

 GOOD

 そういえば、玄関にちぎり絵があったね。どうしたの?　娘

母親 ああ、先月公民館でちぎり絵教室があって参加してみたのよ

 お母さん、昔から手先が器用だったよね。
素人とは思えない出来だよ。今度子供たちにも教えてよ

 いいわよ。教室、また来週もあるから行ってみようかしら

 お母さん、冷蔵庫、新しくしたの?

 ああ、孫たちがやってくると買ったものが入り切らなくてね

 そうだったの。ありがとう。高機能の家電ってワクワクするよね。
私、最近いろいろ家電の情報集めているから、
お母さん今度何か買うときは、買う前に連絡くれるとうれしいな。
お得に買えるタイミングも教えるし、
詐欺まがいの高額商品もあるみたいだから、情報交換しようよ

 ああそうだね!

第2章 高齢者へのイライラ対処法　家庭編

CASE 12

約束したのに、すぐに忘れて逆ギレする

　母が花見をしたいと言うので、私も都合を調整し、花見の日時と待ち合わせ場所を決めました。しかし、当日、約束の時刻を過ぎても母は来ず、しびれを切らして電話をすると、母からはのんびりとした声で「花見、今日だった？」の返事。

　最近、約束を忘れることが多くなり、イライラが止まりません。ちょっとでも嫌みを言うと、猛烈に反論してきます。「もしかして認知症？」、そんな不安も一瞬、頭をよぎりました。

あらっ、お花見。今日だったかしら？ 忘れたからってそんな言い方しなくてもいいじゃない！ 母親に向かって、よくそんなひどいこと言えるわね！

3ステップで整理しよう!

1 現状把握

▶ イライラの原因は?

母親が花見の約束を破ったことにイライラしています。母親からの提案のお花見、待ち合わせの日時も場所も電話で伝えていました。パートのシフトをお願いして代わってもらい、調整した挙句のまさかのドタキャン、怒りが爆発。

▶ 母親の状況は?

娘と花見をしたいという意思があり、電話で誘ったことは覚えているものの、肝心の「日時」や「場所」の記憶がすっぽりと抜けていました。自分の記憶に約束した記憶がないので、いつものペースで生活していました。

2 振り返り

家事と仕事を両立し、社交的で明るかった母親。何でもてきぱきとこなしていた母親にも体の変化が起きています。特に、徐々に視覚や聴覚、判断力に衰えが生じていることに本人も周囲も気づかないことが多いものです。

こうした「失念」に関わる出来事は、高齢の両親や義父母への接し方がこれまで通りでよいのかと考える機会になります。「物忘れ」「認知症」というマイナスの言葉を投げかける前に、いくつか打つ手を考えてみましょう。

3 最適な方法の検索

▶ 母親から提案を受けた時点で、できることはありませんでしたか?

▶ 約束を実行できるまでの手順を踏んでいましたか?

➡最適な解決法【分かれ道】

自分の力で変えられることを見極め、「今」できることにすぐに取りかかること。

CASE 12　約束したのに、すぐに忘れて逆ギレする

「分かれ道」で対処しよう

「分かれ道」で不要な怒りを生じさせない

　現役で働いている世代、会社では次々と仕事をこなすため、話すスピードが速いものです。しかしその調子で高齢者に話しても通じません。
　年を重ねるごとに視力や聴力の機能が低下し、少しずつ見えていない、聞こえていない状態が進行しています。高齢者と意思の疎通が図れるかどうかは、身体の機能低下への理解があるかどうかに関わります。
　この事例では、電話で約束するとき、早口で話していなかったか自分の行動を振り返ってみましょう。母親が電話での内容を聞き取れなかったのかもしれません。

　無用な怒りを生まないために、21ページの「分かれ道」を使いましょう。変えられること、変えられないことの2つの軸で考えて、最適な行動を選び取りましょう。
親の変化を受け入れ、お互いのストレスを減らすためにも、「変えられる」自分の言動を選択していきます。 聴覚が衰え始めている場合には、特に、電話での対応は慎重に行います。

・一度にたくさんの情報を与えず、一つ一つ区切って話し、そのたびに聞き取っているかを確かめる。
・約束の日にちを家族の何かに関連させて伝える。
・カレンダーへメモするよう促す。
・約束の内容を復唱してもらい、確認する。
・約束の前日にリマインダーを送る。

　このようにいくつもの行動が見つかります。
　こうして行動を計画し、母親とやりとりを行う中で、自分が小さい頃、母親に確認をしてもらい、失敗が起きないよう配慮されていたことに気づくことでしょう。今度は、自分が高齢の親の支援者として配慮してあげる番なのです。

1　聞き返しをする、反応が鈍い、とっさに言葉が出てこないなど、母親の機能的な変化を見逃さず、つぶさに観察する。
2　母親の機能の衰えを考慮し、自分の対応を変えることはできる。母親の希望が叶えられるよう、今すぐ計画を立てる。
3　母親の聴覚の衰えを想定し、電話での言葉がけを工夫し、意思の疎通を図る。

こう言い換えよう!

NG

母親: そろそろお花見行きたいわ

娘: パートのシフトを見てみるね。えっと、4月22日11時、○○城址公園に行かない? ○○駅で待ち合わせしよう

母親: えっ、22日?

娘: **わかった?** じゃあ楽しみにしてるね

―――――― 後日 ――――――

娘: もしもし、母さん、**今日、お花見!** 忘れてたの? ひどいじゃない!

母親: なんて言い方するの? そんな言い方しなくてもいいじゃない!

娘: ええ、忘れてたの? 母さんが行きたいって言うから。こんなんじゃ、**先が思いやられるわ**

ここがNG!

✗ **えっ** → 母親は内容を聞き取れていない。娘はそこに気づいていない。
✗ **わかった?** → 聞き返しつつ、母親に伝わっていると思い込んでいる。母親はよく聞き取れずに聞き返していることに無頓着。
✗ **今日、お花見!** → 母親が約束を破ったことを責めている。
✗ **先が思いやられる** → 母親の物忘れがひどくなり、認知症に至るかもしれないと暗示する言い方で、母親の失敗を責めている。

GOOD

母親: ねえ、お花見に行かない?

娘: 父さんの誕生日が21日でしょ。その次の22日の日曜日でどう? 一応メモしてくれる?

母親: ああ、父さんの誕生日の次の日ね。22日の日曜日だね

娘: そうだよ、覚えやすいでしょ。11時に待ち合わせしよう

母親: 11時ね。はい、メモしたよ

娘: ○○城址公園に行こう。○○城址公園に一番近い○○駅で待ってるね

母親: ○○駅ね。わかった

娘: 母さん、メモしたね。お花見の約束、繰り返してみて

母親: 父さんの誕生日の次の22日、日曜日、11時、○○駅

娘: しっかりメモできたね。楽しみだわ。父さんの誕生日に電話するね

母親: ああ、ありがとう。亡くなった父さんも喜んでくれるよ

第2章 高齢者へのイライラ対処法　家庭編

CASE 13

おまえはいつもこうだと決めつける

　80代半ばを過ぎた父親は伴侶を失ってから、一人暮らし。今は病気ひとつせず、元気なものの、ゴミ袋が散乱した玄関や、雑草が伸び放題の庭を見ていると、そろそろ一人も限界かなと感じます。

　ゴミのことや雑草のことを指摘すると、とたんに怒り出して、本題の今後について話し合うことができません。しかも、心配している私のことを「おまえはいつも」と決めつけて言われるのが私の癇に障り、早々に退散します。

わしは何だか動くのが億劫になっているのに、おまえはいつもダメ出しばかり言う。そういえば、この前も！

3ステップで整理しよう!

1 現状把握

▶ 父親にかけた言葉は適切?

初めに父親にかけた言葉は適切だったでしょうか? 自分の足りないところ、あるいはやろうとしても思うように心と体がついていかずにできないところを指摘され、思わず反撃に出てしまったのではないでしょうか?

▶ 父親の自尊心は?

家族をもち、家庭を築いてきた父親にはこれまでの自信があり、自尊心も高いのではないでしょうか? 父親への敬意を失うことなく、言葉をかけてあげる手立てはないものでしょうか?

2 振り返り

片付け上手、てきぱきと何でもこなすあなたから見ると、玄関先のゴミ袋、庭の雑草などは耐え難いものでしょう。
そのことをいきなり言われてしまったので、
「おまえはいつも…。」
と反撃に出てしまったようです。高齢になると、思うように考えがまとまらなかったり、考えていても実行する気力と体力に欠けたりすることがあります。
自分は正しいことを言い、指摘しているだけだと思っていても、相手の自尊心を傷つけてしまうこともあります。相手に気づいてほしいことが伝わっていない状態ではないでしょうか?

3 最適な方法の検索

▶ 父親の状況に反射していませんか?

▶ 落ち着いてから、よりよい言葉を選んでいますか?

➡最適な解決法【カウントバック】
怒りがピークに達している間に絶対やってはいけないことが「反射」。「言い返す、仕返し」をすること。反射せずに待つよう練習していきます。

第2章 高齢者へのイライラ対処法 家庭編

CASE 13 おまえはいつもこうだと決めつける

これで解決！
「カウントバック」を実践

「6秒待つ方法」を身に付けよう

アンガーマネジメントには、怒りをコントロールするためのたくさんの対処法があります。

怒りは衝動性が高く、唯一人生を壊す感情と言われています。「言ってしまった」「やってしまった」ことで、仕事や人間関係をなくしてしまった事例は枚挙にいとまがありません。

この事例の場合、「父親が自分を決めつけている」ことに怒りを感じていますが、実は、その前に父親ができていない点を指摘して、けんかを売っているのです。つまりお互いに「売り言葉に買い言葉」になってしまっているのです。

玄関先のゴミ袋を見て、イラっとしたら、まず、待つことです。
その間に、頭の中で数を数えてみましょう。怒りに対して反射的な言動を起こさないようにするのが目的です。アンガーマネジメントは、誰かを変えるのではなく、自分でできることを増やしていくことで、よりよい関係をつくることを目指します。

たかが6秒、されど6秒。
結構長いので意識だけで待つことは難しいため、「数を数える」などの行動をプラスします。例えば「カウントバック」など、複雑な数え方は意識を集中させるのに有効です。ゆっくりと100から3つとびごと、100、97、94、91、88、…と数えていきます。引き算をすることで時間がかかり、6秒をしっかりと待つことができます。

落ち着いたら父親の頑張っていることを見つけ、言葉をかけるように心がけましょう。父親が「ゴミを自分で袋に入れていた」と、できていることに目を向け、**自尊心を大事にしながら、会話の糸口を見つけていくことが大事です。**

1. 実家で目についたことにすぐに反射しない。
2. 数を数え、冷静に考えられるようになるのを待つ。
3. マイナスの評価をするのではなく、父親が行動できていることを探す。
4. 6秒待ってから、父親に言葉をかけるようにする。

こう言い換えよう！

お父さん、**なんで玄関にゴミ袋、置いてるの**、汚いでしょ！

おまえはいつもダメ出しばかり言う！
この前も台所が汚れてるって大騒ぎしてたな！

父親

お父さんこそ、私の顔を見れば、
「おまえはいつも」って、今も言ったでしょ。
ゴミはすぐに捨てるのはあたり前でしょ。
夏は早く腐るし、ほら、虫がわいてるじゃん

やっとゴミをまとめたばかりなんだ。
年寄りは、ぱっぱとできん

だからさ、一緒に住むかって言ってるでしょ！

ここがNG！

- ✗ **なんで** → 「なんで」と聞かれても、理由が言えないこともある。反発を招く。
- ✗ **ゴミ袋、置いてるの** → 目についたことをとっさに口に出している。
- ✗ **お父さんこそ** → 自分のことを棚に上げ、父親を否定する強い言葉を使っている。
- ✗ **だからさ** → ゴミ出しから同居の話へと話題が飛んでいて、父親がなぜいつもと言っているのかに気づいていない。

お父さん、なんで玄関にゴミ袋、置いてるの、汚いでしょ！

おまえはいつもダメ出しばかり言う！
この前も台所が汚れてるって大騒ぎしてたな！

父親

父さん！
（いつの話よ。いつもって決めつけてる〜、カチンとくるな〜。
言い返したい！ でもまずはカウントバック！
100-3は97、97-3は94、…、よし冷静に言おう）

なんだ？ またいつものダメ出しあるのか？

父さん、台所のことはお盆に来たときに一回言っただけよ。
でもよく覚えてたね

おまえにいつも小言、言われてるからな

はい、はい、でも一回だけのお小言でしたよ。
でも、父さん、ゴミ出しも毎日のことも、ちゃんと自分一人で頑張ってるね

まあ、できることだけはやるさ

（いい感じ！ やっぱりできていることを認めることだよね。
親子で言い合いしていてもしかたないし、あら探しはやめよう）

COLUMN

コーピングマントラ

イラっとしたとき、「心を落ち着かせる」言葉を唱えることで、高ぶった気持ちを静まらせること。肯定的な言葉を自分に言い聞かせ、怒りに巻き込まれない自分になっていきましょう。

- 明日は明日の風が吹く
- なんも、なんも
- 辛いのは今だけ
- 大丈夫、大丈夫!
- こんな日もある
- 誰かはわかってくれる。見てくれている
- すべてのことに意味がある
- これもアリだね
- マイペース!
- なんくるないさ
- やり直しは、再トライできるってこと

第3章

高齢者への
イライラ対処法
看護・介護編

介護の仕事や看護の仕事では、利用者やその家族と深く関わることが多く、人間関係でストレスを感じることも多いでしょう。良い関係を築くためにも、相手や自分のイライラに振り回されず、衝動的な行動を取って後悔しないようにしたいものです。ここでは、怒りの感情と上手に付き合い、自分の伝えたいことを上手に伝える対処法を紹介します。

CASE 01

頻繁にコールし、何度もトイレに行きたがる

　昼夜を問わず、頻繁にコールをするAさんにうんざり。用件を伺うと緊急性がないことばかり。夜は何度もトイレに行きたがるので、介護士の私もくたくたです。仕事は仕事と割り切っても、頻度が高すぎてイライラ…。出勤する前もAさんのことを考えると暗い気持ちになります。

> コールしたらすぐ来てよ。
> トイレ失敗したらどうするの？
> 待たせないでよ！

3ステップで整理しよう!

1 現状把握

▶ Aさんの心身の状態は?

入所にあたって認知の検査や健康状態の診断の結果は施設内で共有されていることでしょう。しかし、数値に表れない「心配」や「不安」なども含めてヒヤリングを行っていますか?

▶ 怒りの正体は?

昼夜を問わない介護の仕事は「感情労働」の最たるもの。ちょっとした言動の行き違いが介護する側にも介護される側にも大きく影響します。ご自身の怒りの正体を把握していますか?

2 振り返り

怒りの正体は自分の「べき」。
介護の仕事に対して、自分がどのようなべきをもっているのかを把握しておくことが大事です。
介護される人は身体の機能が衰え、あるいは疾病のため、介護を必要としています。人生の終盤、最後まで人としての尊厳を保って生きるために専門職の知識と技能、そして、何よりも感情のマネジメントが求められます。

3 最適な方法の検索

▶ 自分の怒りの正体を理解していますか?

▶ 怒りはマネジメントできないと考えていませんか?

➡最適な解決法【アンガーログ】
あいまいで捉えどころがない怒りを記録することで、自分の怒りの傾向、パターンが見えてきます。何よりも書くことでクールダウンできます。

CASE 01 頻繁にコールし、何度もトイレに行きたがる

これで解決!「アンガーログ」で怒りの傾向を把握

自分の怒りのパターンを記録する

「アンガーログ」はアンガーマネジメントの中心的な役割となるツール。
自分がどんなときにイライラするのか、自分の怒りのパターンを記録することで、自分の怒りと向き合い、怒りを感じるタイミングや傾向を把握することができます。

123ページを参考にして、怒りを感じたら、次の5項目をさっと記録します。

- いつ
- どこで
- 何に対して怒りを感じたのか
- 思ったこと
- 怒りの温度

「分析せずに直感的に書くこと」を心がけましょう。
また、「時間を置かず、その都度記録する」のもポイント。なぜなら、書く行為によって、一度クールダウンできるからです。
また、時間が経ってからもう一度イライラした出来事を思い出そうとすると、怒りの感情がぶり返し、逆効果になることがあります。

私たちは日頃から何となくイラっとし、幾度となくイライラに悩まされながら対策を立てずに過ごしてしまっています。**記録を重ねていく中で自分自身の怒りのポイントを知り、コントロールしやすくなります。**
ポケットに入る大きさのメモ帳や付箋紙など、常に短時間で記録が取れるものを用意しておきましょう。

ズバリポイント!

1. ノート、メモ帳、付箋紙、LINEなどを常に持ち歩くようにする。
2. イラっとしたら、「いつ、どこで、何があったのか、何を思ったのか」を記録し、「怒りの温度」も記録する。因果関係などの分析はしない。
3. 自分の怒りの傾向やパターンが見えてきたら、対策を考え、取り組む。

こう言い換えよう！

NG

はい、Aさん、何でしょうか
介護士

Aさん
昼食って何時からだったかしら？

12時ぴったりですよ！ **この前も教えたじゃないですか！**

ええ、12時？　そうだった？

また、トイレに行きたいの

またですか？　今夜、何回目か、わかってます？

あまり出ないんだけどね。行きたくなるのよ。
だから待たせないでよ！

（**夜勤のたびに、これだわ。Aさん、私のときだけ多い**んじゃないかしら…）

ここがNG！

- ✗ **この前も教えた**→記憶力が落ちたり、家庭生活との違いから戸惑っていたりすることも考えられる。心配だからこそ何度も聞きたくなる。
- ✗ **またですか？**→本人も迷惑をかけることを恐縮しているはず。加齢とともに膀胱にためられる尿量の減少、骨盤底の筋肉の衰えで尿道を締める力も弱くなる。
- ✗ **夜勤のたびに、私のときだけ多い**→自分の思い込みがあるときに使いがちな言葉。介護記録を確認し、客観的に状況を把握しておく。

GOOD

Aさん

昼食って何時からだったかしら？

（頻繁コールに同じ質問の繰り返し…。私はこれにイライラしやすいのよね。ここは冷静に…）はい、12時ですよ。
今日は夏野菜の彩りサラダ。元気が出ますよ
介護士

ありがとう。楽しみだわ

眠れなくて。また、トイレに行きたいの

（20分おきトイレコール！　これも私のイライラポイント。とりあえず、日誌を見てみよう。今週は毎晩3回ずつ行っているんだわ。眠れないのかしら）
お待たせしました、Aさん、トイレ行きましょうか

漏らすの心配なんだから、待たせないでよ！

心配ですよね。でもAさん、夜眠れないのではないですか？
夕食の水分、日中の運動も見直してみましょうね

CASE 02

些細なことで強く責められ、怒鳴られる

　自分の思った通りにできないことが起きると、大声を出して暴れるBさん。

　私たちから見ると、本当に小さなことにも怒りを爆発させ、大声でまくしたてるので嫌悪感も感じます。

　挨拶のしかたやものを置く位置など、一事が万事、自分が決めた通りでないと気が済まないようで、わずかな失敗も許してもらえません。大勢の看護にあたっているので、個々の要望に応じることはできないのに、そんな状況などお構いなしに自分の要求ばかりしてきます。

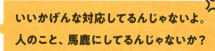

いいかげんな対応してるんじゃないよ。
人のこと、馬鹿にしてるんじゃないか？

3ステップで整理しよう！

1 現状把握

▶ 怒りの前にある本当の気持ちは？

怒っている人は自分が大事にしている何かをないがしろにされたと感じ、怒りという形で表していることが多いものです。怒りの前には「寂しい」「悲しい」などの第一次感情が隠れています。どのような気持ちが隠れていたのか、探ってみましたか？

▶ 正面からぶつかっていませんか？

暴言を吐く、暴力を振るうのは人を責める怒り方です。だからといって、「その怒り方は間違っている」「怒るのをやめなさい」と正面からぶつかっていっても相手に通じるでしょうか？

2 振り返り

怒りにはメカニズムがあります。
大声で怒鳴られたり、「殺すぞ」などと強い言葉を使われたりすると、恐怖を感じ、心が折れそうになるでしょう。また、そんな怒りを表に出す人は「悪い人」「迷惑な人」だと感じてしまいます。
しかし、怒っている人は自分が大事にしている何かを侵害されそうになったから怒っているのです。

3 最適な方法の検索

▶ 怒っている人から一時的にその場を離れ、冷静になってから再度トライしてみましょう。

▶ 怒っている人の気持ちを考えてみましょう。

➡最適な解決法【タイムアウト】
相手の怒りにコントロールされるのを防ぐため、一時的にその場を離れてみましょう。そのときのルールを守ることも忘れずに。

CASE 02 些細なことで強く責められ、怒鳴られる

「タイムアウト」を活用

一度その場を離れ、「作戦タイム」を取る

バレーボールやバスケットボールなどのスポーツでは、チームが劣勢になったり、ゲームの流れを変えたいとき、「タイムアウト」を取って、ゲームを中断して作戦会議をします。この手法は人と人との関わりの中でも活用することができます。

相手の怒りがヒートアップしたり、自分自身が怒りをコントロールできないと感じたら、「タイムアウトを取る」つまり「一度その場を離れる」という行為で、その場の空気を変えることを試みましょう。

年を重ねると、「脳の前頭前野が萎縮し、感情にブレーキがかかりにくくなる」と言われます。怒り出した高齢者を説得しようとしても、ますます感情的になってしまうこともあるのです。しかも怒りは伝染するため、怒っている人を相手にしていると、自分も感情的になってしまうこともあります。ですから、強い怒りを感じたら、いったんその場を離れてクールダウンしましょう（p.121参照）。

この場合、**「5分経ったら戻ってきます」「確認するのでお昼まで時間をください」**などと、必ずひと言ってからタイムアウトします。

また**その場を離れたら、大声を出してストレスを発散させたり、言われたセリフを思い出したりするのはNG**です。散歩をする、有酸素運動をする、ストレッチをするなど、気持ちをリラックスさせるようにしましょう。

怒っていた人も、怒る対象が一瞬いなくなることで高ぶった気持ちが静まり、時間を与えることで、「もしかして言い過ぎたか？」などと自分の言動を振り返ることができるため、タイムアウト終了後には、より落ち着いて話ができるでしょう。

1. **強い怒りを感じたら、一時的にその場から立ち去る。**
2. **何も言わずに立ち去らず、必ず戻る時間を伝える。**
3. **タイムアウトの最中に大声を出す、怒りを思い出すはNG。リラックスする行動を取る。**

こう言い換えよう!

Bさん
ちゃんと対処しろよ。
人のこと、馬鹿にしてるんじゃないか?
いいかげんにしろよ!

馬鹿になんかしてないですよ。
挨拶もしました。**言いがかりです!**

看護師

言いがかりだと?
誰に向かって言ってるんだ。おまえより年上だぞ

はいはい

はいは、一回でいい! なんでへらへらするかな!

ここがNG!

- ✗ **馬鹿になんかしてない** → 相手の言葉を繰り返したことでさらに怒りを買うことになりやすい。
- ✗ **言いがかりです** → 相手の言動を大げさに表現したことが相手の癇に障ってしまう。
- ✗ **はいはい** → 親しさを込めたつもりでも相手にとっては軽く扱われたという印象をもってしまいやすい。

Bさん
ちゃんと対処しろよ!
人のこと、馬鹿にしてるんじゃないか?
いいかげんにしろよ!

すみません。Bさん、ちょっと席を外しますね。
5分したら戻ってきます
(僕の好きな海の見えるバルコニーに行こう。
あそこでクールダウンしよう)

看護師

Bさん、お待たせしました。
挨拶で失礼があったらすみません。
何か至らないことがありましたら
教えていただけますか?

もういい! 昨晩眠れなくて疲れてるんだ。
少し寝るよ

CASE 03

何度も同じ話をする。自慢話ばかりで、しかも長い

　Cさんは、自分が若いときのことや家族の自慢話ばかりしたがります。何度も同じ話を繰り返すので、私も周囲の人もげんなりしています。

　看護師にとって担当する患者さんはお一人だけではないのですが、他の人のことまで気が回らないのか、話が止まりません。もっと空気を読んでほしいのですが、忙しいときに限って話が長いので、イラっとしてしまい、つい「いいかげんにしてください！」と叫びたくなります。

年寄りなんだから同じ話を何度もするのは当たり前でしょう。自慢話？　失礼しちゃうわ。年配者の話は黙って素直に聞くべきでしょ！

3ステップで整理しよう!

1 現状把握

▶ 自慢話をすることに隠れた本当の気持ちは?

自慢話をしたがる背景には話を聞いてもらえなかったという経験があるのではないでしょうか? そのときの第一次感情は何だったでしょうか?

▶ ご家族との関わりは?

家族は定期的に面会に来ますか? それとも、疎遠な感じでしょうか?
自分の話を聞いてくれる相手を探しているのではないでしょうか?

2 振り返り

じっくりと聞いてもらえないと、次々と聞いてもらえる相手を探し回ります。それは自分が感じていた第一次感情に気づいてほしい、わかってほしいと願っているからです。

家族もほとほと持て余してしまっているので、なおさら身近で親切に接してくれる方々を呼び止めてしまうのでしょう。関係性をこじらせないためには、じっくりと話を聞いてあげることが一番の近道。イライラするのもわかりますが、出来事の捉え方を変えていく努力をしてみましょう。

3 最適な方法の検索

▶ 自慢話に隠れた本当の気持ちに気づいていますか?

▶ 自慢話に対して怒っている自分のべきは何か、意味づけを変えてみましょう。

➡最適な解決法【3(スリー)コラムテクニック】

目の前で起きている出来事にどんなべきで意味づけをしているのか、べきを変えられないかを考えてみましょう。

CASE 03　何度も同じ話をする。自慢話ばかりで、しかも長い

「3コラムテクニック」を活用

「意味づけ」を変え、視野を広げる

　高齢者は記憶力が低下するため、誰に何を話したのか忘れてしまい、何度も同じ話をしてしまうことがあります。また、人生も残りわずかと思うと、心の中で強く思っていることや、自分の人生にとって自慢できることは、とにかく誰かに伝えて残したいという気持ちがあるのです。

　聞き手が話をさえぎる、迷惑そうな表情をすると、「自分を否定された」と感じて落ち込んでしまったり、「認知症と疑われている」と感じて、気力を失ってしまったりすることもあります。これは支援者として絶対に避けたいことです。

　なぜ自慢話にイライラするのでしょうか？
「忙しい時間に利用者一人に時間をかけすぎるべきではない」
「自分の自慢話をするべきではない」
こうした自分の「べき」が目の前で裏切られるので、怒りが生じるのです。

　自分の「べき」を変えることは難しいことですが、22ページの「3コラムテクニック」を活用し、相手の言動の捉え方を変えてみることで、怒りのポイントがそれて、高齢者とも上手に付き合えるようになり、仕事の効率も格段に向上するはずです。

　例えば、「利用者や患者一人に時間をかけすぎるべきではない」を、「そんな日もある」と書き換えてみる。「自分の自慢話をするべきではない」というべきを、「これはCさんにとって、誰かに伝えたい大事なことなのだ」と書き換えてみます。

　自分の「べき」をどう書き換えるかは、捉え方次第です。あなた自身が相手の怒りに巻き込まれないように、まず、自分自身が信じている「自分だけの価値観」を客観視し、視野を広げてみましょう。

1. 相手に対する自分の「べき」が何かを明らかにする。
2. どのように考えたら、自分も相手も長期的に見て健康的かを考える。
3. 書き換えた「べき」を言葉にして相手に対応してみる。

こう言い換えよう!

 NG

Cさん:
あのね、聞いてよ。
うちの家、大きすぎて掃除が大変だったのよ。
お客さんも多くてね。料理も片付けも大変。
うち、祖父の代から社長でね

看護師:
そうですか。
ちょっとその話、**後にしてくれますか**。
今、忙しいんです
（まったく！ **自己チューなんだから！**
イライラする～～）

ここがNG！

- ✗ **そうですか**→相手の話を聞こうとせず、相手の反発を買う。
- ✗ **後にしてくれますか**→話をさえぎられ、相手は邪険に扱われたと感じる。
- ✗ **今、忙しいんです**→忙しくても聞いてほしいのが相手の本音。それを責めても相手は何をどうしてよいかはわからない。
- ✗ **自己チューなんだから！**→自分の思い込み。それが怒りを生じさせている。

 GOOD

Cさん:
あのね、聞いてよ。
うちの家、大きすぎて掃除が大変だったのよ。
お客さんも多くてね。料理も片付けも大変。
うち、祖父の代から社長でね

看護師:
（また、同じ話。でも聞いてもらえないと寂しいだろうな。
こんなときは相手の言葉を繰り返してみる！）
まあ、立派な大きなお屋敷にお住まいなのですね。
さぞかしご苦労もあったのではないでしょうか

大したことないわ。
もう息子の代だし

（自慢話ができるってことは、記憶力があるってことよね。
ほめながらちょっと話を変えてみよう）
Cさんは昔のことをしっかり覚えていてすごいですね。
私なんかほんと忘れっぽくて。
あ！ 急ぎの仕事今思い出しました(笑)！ 危なかった！
またお話聞かせてくださいね

♪
昔のことは覚えているものなのよ。
またお話ししましょう

（イライラせずうまく対応できた！）

第3章 高齢者へのイライラ対処法

看護・介護編

CASE 04

身の回りのものを片付けない。捨てられない

　Dさんは読書家でメモ魔。しかし、本や新聞紙、気になったことを書き留めたメモなどがベッドや床に散乱し、なかなか整理してくれません。看護師や清掃員はもちろん、ご家族がお願いしても、「必要なものだから」と言い張って捨ててくれないので困っています。その他のものも捨てられない性格らしく、なんでもため込んでしまいます。特に床にものが落ちていると転倒することもあるので心配が尽きません。

新聞は読み直して、切り抜くから触るな！
"捨てろ、捨てろ"とうるさい！

3ステップで整理しよう!

1 現状把握

▶ 行動の背景は?

行動の背景にどのような過去があるのかを見出していますか?

▶ 室内の現状で困っていることは?

ものの片付けができない弊害をご本人がわかっていないのではないでしょうか? 困っていることがないか、上手に聞き出していますか?

2 振り返り

ものの片付けをしない、捨てられないことと、ものをため込むことはつながっています。片付けない―散乱する―どこにあるかわからなくなる―なくすのが心配で捨てられない―ものが増える―片付けないと負の連鎖が起きます。

ものに対する執着心を悪いと決めずに、ものが散乱することの弊害だけでなく、片付けると生活の質が向上するメリットも伝えていくことが必要です。

3 最適な方法の検索

▶ ものが散乱する状況に怒りを感じ、反射していませんか?

▶ 落ち着いてから話しかけることを心がけていますか?

➡最適な解決法【コーピングマントラ】

とっさに口にした言葉が相手の自尊心を傷つけ、関係の修復ができないことも起きます。怒りのピーク、6秒待つための方法です。

CASE 04 身の周りのものを片付けない。捨てられない

これで解決!
「コーピングマントラ」で気分を変える

「落ち着く言葉」で気持ちを和らげる

　ものが散乱した様子を見ると、「何、これ？」「まったく！」「汚いでしょ！」「これだから年寄りは！」と言いたくなる気持ちもわかります。
　しかし、このような言葉はなんの解決にもつながりません。状況を冷静に判断してから、よりよい選択ができるようにしましょう。

　「コーピング」は対処する、「マントラ」は呪文。自分を落ち着かせる呪文のことです。

　困っているときに「大丈夫、大丈夫」と言われると落ち着いた気持ちになります。**このようにカッとなったとき、自分を落ち着かせる言葉をいくつか用意しておきましょう。**方言でもよいですし、ペットの名前を唱えると落ち着くという人もいます。
・「それもアリだね」
・「なんくるないさ」
・「なんも、なんも」
など、80ページを参考にしてみましょう。

　さらに、利用者の自尊心を大事にしながら、
「これまでものにつまずいて転ぶ危険性がなかったか」
「ものが散乱していると必要なものを探すのに時間がかかっていなかったか」
を聞いてみましょう。

「部屋が片付いていると、すぐに見つけられますよ」
「広いスペースができると、新聞の切り抜きもゆったりできますよ」
と片付けるメリットを伝えつつ、「一緒にやりましょう」と寄り添うひと言を添えることでやる気を少しずつ引き出しましょう。

🗝 ポイント!
1. モノが散乱した様子を見て、すぐに反射しない。
2. 落ち着く言葉を自分にかけ、落ち着くまで待つ。
3. 気になる点を本人がどう思っているのかを聞く。
4. 片付けることのメリットを伝え、やる気を引き出す。

こう言い換えよう！

 NG

> Dさん、**床の上の新聞紙、ひどい！**
> たくさん落ちてるじゃないですか

看護師

Dさん
> 新聞紙はこれから読み直して、
> 切り抜くから、触らないでおくれ

> 古いノートも落ちてますよ。カビてるじゃないですか。
> **不衛生だし、危ない**ので片付けていただけますか？

> ああ、あんたはもう来なくていいから！
> "捨てろ、片付けろ"といちいちうるさい！

ここがNG！

✗ **床の上の新聞紙、ひどい！**→目についたことに反射し、利用者の行動に思いを寄せずにいる。自分が判断したことが正しいと思っている。何をしてほしいかまで伝えていない。

✗ **不衛生だし、危ない**→自分の判断を正当化するため、カビ＝不衛生と決めつけている。

第3章 高齢者へのイライラ対処法

看護・介護編

 GOOD

> （Dさんのベッドの下、また足の踏み場がない…。
> まずは落ち着こう。"なんくるない、なんくるないさ～"）
> Dさん、おはようございます。
> この新聞紙どうされたのですか？

Dさん
> これから切り抜くんだよ。
> 今は、はさみと眼鏡を探しているんだが…

看護師

> はさみを探す時間ももったいないですよね。
> いつも使うものはこの引き出しに片付けておきましょう。
> すぐに見つけられて、ストレスもなくなりますよ

> わかってるよ！　ちょっとそこどいてくれ！

> おっと、危ないですよ。
> Dさん、床に落ちているものにつまずいて
> 転びそうになったことありませんか？
> まずはこの新聞紙を少しだけ片付けてからにしませんか？

> 確かに多すぎるな。昨日と今日のだけ切り取るか

> そうされますか？　私も手伝います。
> この新聞は私が縛ってしまっていいですか？
> （やっと気づいてくれた。今がチャンス！）

CASE 05

医師の指示や病院のルールをすぐに破る

　食事制限があるのに、家族に差し入れを頼んでこっそり食べたり、何度言っても病院内のルールを守ってくれないEさん。年齢を重ねていくと、感情の抑制が利かなくなる、物忘れをするのは当たり前ですし、そのことを責めているのではありません。

　しかし、決まりごとは決まりごとなので、きちんと伝えようとするとキレてしまいます。さらにこちらの感情を逆なでするようなことを言い出すのでストレスがたまります。

食事制限なんて聞いてないぞ！
娘が持ってきてくれた団子を
捨てろというのか？
この病院は融通が利かないし
サービスも最悪だな

これで解決！「ポジティブセルフトーク」を活用

ポジティブワードで気持ちを切り替える

　Eさんは、初期認知症の症状から、ごく簡単なルールもご本人にとって記憶できない状態に陥っているのかもしれません。

　しかし、**記憶力が衰えても、感情は残ります**。

　ルールを伝えるとき、「以前も言いましたが…」「また忘れたんですか？」といった言葉を使って、ルールを忘れたことを指摘していませんか？　何度指摘されてもその内容を覚えていないので効果はありません。それどころか**人前で指摘された、馬鹿にされたという不愉快な感情だけが残ってしまいます**。

　繰り返しルールを伝えることは悪いことではありませんが、指摘すればするほど面倒が起こる可能性が高くなることを考えると、「高齢者なのだからしかたがない」と一歩引く気持ちも大切です。

　「ポジティブセルフトーク」は、特定のフレーズを自分に言い聞かせることで、自分を元気づける手法です。「コーピングマントラ」（p.80）よりも、より積極的に、自分を奮い立たせるフレーズです。

「トラブルこそ成長できるチャンス！」
「こうした対応を重ねて仕事のスキルが上げられる！」

　患者の言動に振り回されないためにも、自分の気持ちを前向きな方向へシフトさせ、より効果的な対策を考えましょう。
　どうしても指摘する必要があるときには、個別にわかりやすい言葉で簡潔に伝えます。
　さらに、大事なことは紙に書いて渡す、貼るなど、記憶に頼らず、視覚情報を使うなどの工夫も取り入れましょう。

第3章　高齢者へのイライラ対処法　看護・介護編

> ここがポイント！
> ① 元気になれる、自分を奮い立たせるポジティブな言葉を普段から考えておく。
> ② 忘れるのはしかたがないと一歩引き、スルーすることも必要。
> ③ どうしても直してほしい行為は人前で指摘せず、個別に行う。
> 　視覚で捉えやすい資料を使うなど工夫する。

CASE 06

高齢者の行動が遅くて苛立ち、よく転ぶのも心配

　着替える、立つ、歩く、すべての動作が遅い利用者に最近特に苛立ってしまいます。また、よく転んだり、つまずいたりもするので、気が抜けません。優しく接したいのですが、一人に時間がかかると、次の方の介護に支障が出てしまうので、つい舌打ちしてしまうことも…。

　「体に不自由を抱える高齢者のための施設」とわかっているはずなのに、いつかこのイライラが募り、暴力を振るってしまうのではと不安になります。

ああ、いつまで移動に時間かかってるんだよ。
歩くの遅くてイライラする〜。
次の人の順番なのに、時間、かかりすぎ〜!

これで解決!「スケールテクニック」で怒りを可視化

「怒りの温度計」で怒りの度合いを確認する

　年を重ねると、体が思うように動かなくなり、視覚や聴覚が衰えるため、転びやすくなります。

　これらが高齢者の特徴とわかっていても、自分の思い通りに動いてくれない利用者を目の当たりにすると、焦ってしまうこともあるでしょう。そんな自分を受け入れられず、介護者失格だと自信を失ってしまうこともあるでしょう。
　しかし、自分の怒りの背景には、一人の利用者だけに関わっていると、次の利用者のお世話に支障が出てしまうという「プロだからこその心配」があるのです。自信を失う必要はありません。怒りをコントロールすればよいのです。

　気温や湿度、血圧などは、数値で可視化できるため、その値によって、対策も立てられます。しかし、怒りは目に見えません。ですから、高齢の利用者の行動にイライラしたときには、122ページを参照して、自分の怒りに点数をつけてみましょう。

- 「よく転ぶ 8度」
- 「食べるのが遅い 5度」
- 「歩くのが遅い 3度」
- 「着替えが遅い 2度」

　さらにアンガーログ(p.123)と合わせて、事例をメモし、その隣に数字を書き込んでいきましょう。自分の怒りの強さの度合いを可視化できるようになります。

> 「これはイライラしないで、もっと介護の方法がないか、検討することだな」
> 「最近、体力がついてきて回復に向かっているな」

と相手のよさにも気づけるようになります。自分の怒りのマネジメントができれば、仕事への集中力も高まってきます。

第3章 高齢者へのイライラ対処法　看護・介護編

1. 目に見えない怒りに「温度」「点数」をつけることで可視化できる。
2. 自分の怒りの度合いを知ることで、冷静になり、対処法を見出しやすい。
3. 怒りを感じる度合いや頻度が低くなったことを実感でき、自信がつく。

CASE 07

ボケたふりをして体に触るなど、セクハラが多い

　歩行訓練中に抱きついてきたり、ナースコールで呼び出しては手を握ってくるなど、セクハラまがいの行為をする高齢の患者さんがいます。「やめてください」と言うのですが、ボケたふりをしてとぼけたり、逆にキレられるときもあります。

　他の患者さんにお尻を触られた経験のある先輩の看護師に聞いても、「軽くかわすのが大事」と言われます。私は本当に嫌なので、触られると腹が立って手をぴしゃりと叩きたくなりますが、虐待と言われかねず悩んでいます。

やっぱり若い子の手はピチピチだね〜。
え？ やめてくださいって、
おい！ オレが何をしたんだ。
看護師としてその態度はなんだ！

「エクスターナライジング」を活用

怒りの形をイメージ化し、コントロールする

<mark>セクハラは犯罪です。</mark>
<mark>その場できっぱりと真顔で「嫌な気持ちです」「いけません」と自分の意思を示すことが大事</mark>です。

「自分一人が我慢すれば」と抱え込んでしまうと、相手の言動を助長してしまいます。また、ストレスが仕事に影響してしまったり、いつかそのストレスが爆発してしまうかもしれません。

しかし、<mark>患者の言動に激高して叩いてしまったり、暴言を吐いてしまうと、逆にパワハラと言われかねません</mark>。「年がいもないことして！」などと、自分の思い込みで責めるのもよくありません。

もしかすると、相手はあなたの反応を面白がっているのかもしれません。よけいなトラブルを生まないためにも、機転を利かせて対応することも必要です。

<mark>「エクスターナライジング」は怒りをイメージ化する手法</mark>。
怒りを感じたら、その怒りを具体的にイメージしてみましょう。
<mark>色は？ 形は？ 温度は？ 大きさは？ 重さは？ 動きは？ 音は？ 匂いは？など、自分に問いかけ、具体的な形をつくっていく</mark>ことで、感情をコントロールできるようになります。最後には、怒りをゴミに変え、丸めてゴミ箱に捨てるイメージをつくり、嫌な感情を追い出してしまいましょう。

自分はどこまでなら許せるのか考えてみることも大切。それ以上のことが何度も繰り返されるようなら、上司に相談をし、担当を代えてもらいましょう。

第3章 高齢者へのイライラ対処法　看護・介護編

① 怒りの形を具体的にイメージし、目に見えるものにすることで、コントロールしやすくなる。
② ゴミ箱を思い浮かべ、①の怒りの感情をゴミに変えて捨ててしまう。
③ 悪質なセクハラ行為は我慢したり、許したりせず、嫌なこと、やめてほしいことを言葉にして伝え、上司にも相談する。

CASE 08

何でも人にやってもらおうとするので苛立つ

　身体の機能が衰えたり、認知症の初期症状があったりしても、自力でできることをやり続けることで現状を維持し、回復が望めることもあります。そのため施設では、自分でできることは積極的にやっていただくことにしています。

　しかし、Fさんは、「靴下を換えてほしい」などと、ほんのちょっとしたこともやってもらおうとします。ご自分でできるはずと励ましても、「とにかくやって」という態度なので、そのたびにカチンときてしまいます。

ゴミくらい捨ててくれてもいいじゃない！

私がテーブル、拭くの？
家では、お嫁さんがやってくれたのに。
あなた、とにかくやってよ！

これで解決!

「グラウンディング」で怒りを鎮める

目の前のものを観察し、怒りから意識をそらす

アンガーマネジメントは怒らないことではありません。怒る必要があることは怒ってよいのです。怒りをため込んでいる今の状態は健康的な選択をしているとは言えません。相手にしてほしいことは言葉にして伝えてみましょう。

ただ、注意点があります。**このケースは、ご本人が自分の行動が課題だとは思っていない**という点です。いきなり強い言葉で指摘しても本来伝えたいことが伝わらない可能性があります。

イラっとしても適切な行動を取るのに効果的なのが「グラウンディング」(p.120参照)。怒りを感じることから一瞬気をそらすための手法です。

まず、相手の言動にイラっとしたら、とりあえず目の前にあるものに意識を集中させます。ペンやテーブルなど、本人以外のものを集中して観察します。

目の前のものを、「色は?　形は?　材質は?　傷はあるか?」などと細かく観察し、怒りのピーク、6秒を待ちます。ものを介することで、「今、ここ」に集中し、怒りから意識をそらすことができるのです。

そして気持ちが落ち着いてから、

「**一緒にゴミを捨てに行きましょうね。今日はゴミの量が少ないですね。何か秘訣がありますか?　次からはご自分で捨てられますか?**」

「**テーブルの拭き方っていろいろありますね。私、よく母に『雑だ』と怒られていたんですよ。Fさんはどんなふうに拭いていますか?**」

など、どんな声かけが相手のやる気を引き出させるか考えてみましょう。

ここがポイント!

1. いきなり相手を責める言葉を投げかけないこと。
2. 目の前にあるものを観察することで、色や形、材質、傷などを見ることで、「今」に意識を集中できる。
3. 冷静になったら改めて自己開示をし、相手の意欲を引き出す言葉がけを工夫する。

CASE 09

夕方になると機嫌が悪くなる

　午前中は笑顔で過ごしているGさん。おしゃべりが大好きで集会室では話の中心にいることが多く、ムードメーカーのタイプです。

　ところが、夕方になると言葉数が少なくなり、機嫌が悪くなります。周囲に嫌な雰囲気が漂うため、何か嫌なことがあったのか尋ねても、無視される、「うるさい」「馬鹿か」などと否定的な言葉で不機嫌モードだけを伝えてくるので、私もネガティブな気分に陥ります。

これで解決! 「ポジティブモーメント」で負の連鎖を断つ

「気持ちよい場面」にアプローチしよう

誰でも感情にむらがある人には近づきたくないものです。

怒りには「伝染しやすい」という性質があります。不機嫌な人がいると、周囲の人も暗い気持ちになるのは、こうした怒りの性質によるものと考えられます。

怒りは第二次感情。相手の第一次感情に目を向けてみましょう。

加齢とともに体の機能が衰えてくると、声帯を支える筋肉や腹筋なども衰えるため、話をしているのが疲れることがあります。

機嫌が悪くなるのは、午前中張り切りすぎて疲れてしまい、そんな自分に嫌気がさしているのかもしれません。午前中の活動が負荷の高いものになっていないか、心身の状態を見極めてあげるのも介護者として重要です。疲れやすいと感じたら、午前中の活動や休憩の回数などを見直し、工夫してみましょう。

また、**夕方になって不機嫌になるのは、自己肯定感が下がっていることも考えられます。利用者の「気持ちよく活動していた場面=ポジティブモーメント」(p.126)を思い起こせるような声かけを工夫しましょう。**

「カラオケ大会がまた来月ありますよ。前回優勝でしたね。またぜひ優勝しましょう」

「お疲れですか? 今日のイベント大活躍でしたからね。みなさんGさんのことを本当にすごいって言ってました」

マイナス思考に陥りそうなときは、ポジティブなこと、良かったことを探しましょう。マイナス思考による、負の連鎖を断ち切り、解決への手立ても見つかることでしょう。

さらに、自分も相手も気分転換できる楽しいことを探しておきます。

青空を見上げる、そよ風に当たる、アロマの香りをかぐなど、どうすれば少しでも気分が晴れるのか考え、その爽快さを共有することで、憂鬱なときにも働きかけやすくなります。

第3章 高齢者へのイライラ対処法 看護・介護編

1. 加齢により、声帯を支える筋肉も衰えている状況を理解する。
2. 午前中のプログラムの様子を小まめに観察し、負担がないか見守る。過度な状態のときには休憩を勧めるなど、そっと声をかけるようにする。
3. Gさんが見せた「気持ちよい場面」を思い浮かべ、声をかける。
4. 気分転換のアイテムを探し、気持ちよい経験を共有し、次回に生かす。

CASE 10

介護拒否、サポートも嫌がる

　数年近く順調に介護の仕事を行ってきましたが、Hさんの担当になって、このまま続けられるのか、不安になっています。なぜか介護を拒否し、嫌な理由もよくわかりません。「とにかく嫌」とか、「あの人のほうがいいから、代わってちょうだい」とか、あからさまにこちらが傷つく言葉を平気で言われます。若いからなめられているのかと思うと、腹に据えかねるほど怒りを感じてしまいます。

あんたじゃダメだから、他の人に代わってちょうだい！

いきなり手をつかんで、怖い！全くわかってないんだから！

3ステップで整理しよう!

1 現状把握

▶ 介護を拒むのはなぜ?

　声のかけ方ひとつとっても、介護される方が快く感じる方法は一様ではないでしょう。介護される方が「こうしてほしい」と正確に伝えることができないため、「拒否」という形で意思表示している可能性があります。

▶ 介護される人の第一次感情は?

　元気だった頃の自分の姿を思い出し、そうではない現状に対する悔しさ。自分の辛さを周囲の人が気づいてくれないことへの寂しさ。このまま、何もできなくなってしまうのではないかという悲しさなど、マイナスの感情が積もり積もっています。

2 振り返り

　介護を受ける人の不満を解決するためには情報収集、そして、観察が重要。さまざまな職種の方から介護される方の情報を聞き、言葉の選び方や言葉をかけるタイミング、介護者とのやりとりをつぶさに観察してみます。自分のやり方が正しいと思い、「困った利用者」と思い込んでいるのはあなただけかもしれません。すべての思い込みを一度なくし、専門職としてのスキルを身に付ける絶好の機会にしていきましょう。

3 最適な方法の検索

▶ 問題が解決されたとき、どんな自分になっているかをイメージできますか?

▶ 自分にとって最高の日が10とすると、それに一番近い日がいつだったか想像してみる。

➡最適な解決法【ミラクルデイエクササイズ】
　問題がすべて解決している日をイメージし、ゴールを明確にします。「奇跡の日」の自分を具体的にイメージできると意欲的に取り組めます。

CASE 10 介護拒否、サポートも嫌がる

これで解決！ ミラクルデイエクササイズ

「奇跡の日」を思い描く

介護の仕事は感情労働。

視線や言葉遣いやしぐさで相手に自分の気持ちが伝わります。老化や病気を自覚している人は自分が大事にされているかどうかを肌で感じ取り、介護士に反発することもあります。

利用者からの指摘をクレームと思うのか、それとも自分のスキルを向上させていく視点と捉えるかで仕事の質が変わってきます。

そのためにも、自分から変化をつくっていきましょう。

アンガーマネジメントで自分が感じている怒りの問題がすべて解決している日、「奇跡の日」をイメージしてみます。その変化に誰が気づいてくれるのか、どんな言葉をかけられるのか、その日の自分の表情や肌のつやなど、外見がどう変わっているか、五感でどう感じているのかを具体的にイメージします。

特に、奇跡の日を10とすると、それに一番近い日を探してみることが大事です。すでに自分に成功している日があり、そのときの行動を振り返ってみると、どう奇跡の日に近づくのかもわかってくるのです。

介護士としてどう歩むのか、相手に必要とされる仕事をしていくためにも、ミラクルデイエクササイズのテクニックに取り組むことが、確実に目標に近づく道筋を示してくれることでしょう。

奇跡の日の自分に出会うために、目盛りを一つずつ上げていく方法を検討していきましょう。実力がきっと付いていきます。

① 怒りをコントロールできた日の自分をイメージする。
② その日、自分はどんな自分になっているか、自分の変化に誰が気づくか想像してみる。
③ 奇跡の日を10にすると、それに近い日はすでにあったはず。その日を探すと、問題解決への意欲づけにつながる。

こう言い換えよう!

 NG

Hさん: あんたじゃダメだから、他の人に代わってちょうだい!

介護士: 他の人って誰ですか?
代われってあんまりじゃないですか?
私も一生懸命やってるんですよ!

Hさん: いきなり手をつかんで、怖いんだよ! 全くわかってないんだから!

介護士: いきなりって…。
いつもやってる通りですよ!
大きな声、出さないでください!

ここがNG!

- ✘ **他の人って誰ですか?** → 相手の言葉を感情的になって返している。
- ✘ **代われってあんまりじゃないですか** → 言われたことに反発しているので相手も応戦してしまう言い方になっている。
- ✘ **いつもやってる通り** → 自分の言動を省みることなく、相手が怒っていることが悪いと捉えている。
- ✘ **大きな声、出さないで** → 相手を制している。その原因を自分がつくっていることを考えていない。

 GOOD

Hさん: あんたじゃダメだから、他の人に代わってちょうだい!

介護士: Hさん、おはようございます!
Hさん、そんなこと言わないでくださいよー
(先輩のアドバイス通り、嫌みは気にせず、
正面でしゃがんで視線を合わせてみよう)
これから一緒にトレーニングしてみましょうね

Hさん: えっ? 何? 私は嫌だよ

介護士: (話し方が速かった? トレーニングを言い換えよう)
歩く練習をしましょう

Hさん: 歩くのかい。わかったよ。めんどくさいわね

介護士: (トレーニングは伝わらないんだ。
練習って言い換えたら、
めんどくさいって言いつつ動こうとしてくれた。
拒否より、ぐんと前進!
奇跡の日の3ぐらいかな。
明日はもう1目盛り上げられるように努力していこう!
先輩から情報収集してよかった。
拒否する言葉には反応しない。
伝わらない言葉は使わない。
トライアル&エラー、メモを残しておこう!)

CASE 11

すべて否定的で、施設のイベントも馬鹿にする

　Iさんは否定的な言葉を使って周囲に嫌な雰囲気をまき散らしてしまいます。同じ席で食事をしていた人たちが早々に食事を切り上げても、平気。曜日ごとに開催される教室やイベントも嫌いで、何を勧めてもやる気がなく、子供だましとなじり、拒否ばかり。誘う人がいなくなっても気にならないようです。

　担当の私の顔を見ても、にこりともせず、無愛想でネガティブな言葉ばかりを並べるので本当に憂うつになります。

ふん、何が年忘れ演芸大会だよ。
子供だましな！
小学校の学芸会じゃあるまいし、
やってられないよ！

3ステップで整理しよう!

1 現状把握

▶ イベントを子供だましとなじるIさん

Iさんは現役時はリーダーシップを発揮し、行事では司会をするなど、活発な方だったそうです。しかし、思うように体が動かなくなり、施設入所。ことごとく否定的な発言を繰り返し、イベントにも子供だましと否定してばかり。

▶ その言動や姿を見ていると
自分まで否定された気持ちで気分が下がる

イベントにケチをつけられたり、なじられたりするのではと戦々恐々とし、暗い気持ちが続いています。打開したくとも意欲が湧きません。

2 振り返り

高齢者はこれまでの経験から豊かな知恵と大らかな心情を併せ持っている、その理想通りの方もいます。Iさんのような頑固な様子を見せる方も。そのどちらのタイプも、やはり人生の先輩として尊敬に値する方々です。

意固地な言い方、とげとげしい言い方も、かつての自分のプライドを守ろうとしている証し。表面的な言動に惑わされず、先輩の真価を引き出してこそ介護職のプロです。スキルアップの絶好の機会にしていきましょう。

3 最適な方法の検索

▶ 高齢者の持ち味、得意なことを引き出し、
役割を担っていただいていますか?

▶ 自分の働きかけで
高齢者に変化が起きたことがありませんか?

➡最適な解決法【ハッピーログ】

毎日、イライラすることばかり、苦しくて嫌なことばかりと思っている方に、日常生活の中にある小さな楽しさ、喜びを感じ取ってもらえる方法です。

第3章 高齢者へのイライラ対処法 看護・介護編

CASE 11 すべて否定的で、施設のイベントも馬鹿にする

ハッピーログを活用

役割を与え、「うれしいこと」を増やす

利用者のネガティブな言動を気にするあまり、結果自分自身もネガティブな感情になり、腹も立ち、イライラが続く状態です。これは「怒りは連鎖する」という性質によるものです。

さらに、「年配者は賢くあるべき」「年配者はもっと言葉を選ぶべき」という思い込みがあると、そうではない高齢者に対して失望し、ときには怒りを感じてしまうのでしょう。

<mark>怒りの連鎖を断ち切るためにも、ものの見方を変え、行動を起こし、ポジティブな方向に気持ちを向かわせましょう。</mark>

高齢者は職業人としてスキルを上げ、また、趣味でも相当の腕前をもっている方も多いのです。しかし、施設の中でなかなか自分の得意分野を生かす場が見つけられないと、意欲が下がり、ネガティブな気持ちになってしまう人もいるかもしれません。そして、介護する側もマイナス面にしか目がいかなくなると、悪循環に陥ります。

それぞれの記録をもとに、「この人なら、イベントの司会でみんなを盛り上げてくれそう」「会場の装飾、デザインをお願いしたら、華やかにしてくれるかも」など各自に特徴を見出し、役割を担ってもらう計画を立ててみましょう。

<mark>いくつになっても人の役に立つことはうれしいものです。生きがいを感じながら生活することで、ポジティブな気持ちに向かわせること</mark>ができるはず。

どうすれば利用者に生きる楽しみを見出してもらえるか、アンテナを張っておくことは、介護職にとっても成長の糧となり、喜びとなります。小さな変化に喜びを感じ、変化するのは、実はあなた自身なのです。

1. 相手のネガティブな言葉に反射しない。
2. Ｉさんにしかできないことを探し、役割を担ってもらう。
   そのときの出来事、自分が楽しい、うれしいと感じたことをメモする。
3. アンガーログと同じようにうれしさの強さを数字で評価し、メモに加える。

こう言い換えよう!

NG

Iさん、明日、年忘れ演芸大会の打ち合わせがあるんですよ。来てくださいね

介護士

ふん、何が年忘れ演芸大会だよ。子供だましな。やってられないよ！

Iさん

子供だましって**あんまりじゃないですか**。みんな楽しみにしているんですよ

ああ？ **みんな**って誰だよ。
言ってみろ、全員なのか。嫌なやつはいるだろ

嫌がっている人はいませんよ（またやり返しちゃった。へこむわ）

ここがNG!

- ✗ **あんまりじゃないですか**→相手の怒りを受けてやり返している。たとえ正しいことを言ったとしても、相手には聞き入れる余地がない。
- ✗ **みんな**→自分が言っていることを正しいと思わせるときに使う強い言葉。本当に一人ひとりに確認していなければ使わない。かえって相手の反発を生んでしまう結果になっている。
- ✗ **嫌がっている人はいませんよ**→これもIさん以外の人が全員嫌がっていないと受け取られる内容。さらなる反発を生んでいる。

GOOD

Iさん、明日、年忘れ演芸大会の練習ですよ

介護士

ふん、何が年忘れ演芸大会だよ。子供だましな。やってられないよ！

Iさん

そう言えば、Iさんはお仕事で
会議の司会をたびたびされていたと聞きました

そうだけど

すごいです。私、人前に立つと頭が真っ白になります

緊張しやすいなら、前にいるやつ、カボチャと思えばいいんだ

なるほど！ 実はお願いがあるんです。
Iさんに演芸会の司会をお願いしたいのですが、
いかがでしょう。なかなか適任者がいないんですよ

後日

Iさんの司会、素晴らしかったです。
お声も張っていて、仕切りも素晴らしく盛り上がりました。
一人ひとりの紹介も短期間で詳しくお調べになったのですね

仕事柄、調べるのは得意だったんだ。
しかし、ああいう緊張感は久しぶりだな。元気になったわい

COLUMN

ポジティブセルフトーク

ネガティブな感情をため込まないためにも、自分に特定のフレーズを言い聞かせることで自分を元気にしたり、気持ちを高揚させたりできます。80ページの「コーピングマントラ」よりも、積極的に自分を鼓舞したいときに使います。

- これは成長できるチャンス
- 苦手から逃げないぞ！回り道が近道
- さあ、笑顔でいこう
- 困った〜。だから、私はここにいるんだ！
- これができるのは、僕だけ
- 今、取り組めば、後は楽ちんさ
- できる、できる、私なら！
- 叱られるのは私が認められているから！
- 先輩もこういう日を乗り越えたはず

第4章

知っておきたい 実践スキル 10

「6秒数える」「その場を離れる」など、これまでアンガーマネジメントの手法の中でも特にポイントとなるスキルをピックアップ。さらに、日常生活に取り入れやすいその他のテクニックも紹介します。

カウントバック

イラっとしたら6秒数える

怒りのピークは6秒と言われます。この6秒間怒りの感情をコントロールできれば、怒りに対する反応を遅らせ、瞬間的な怒りを鎮めることができます。理不尽な高齢者の行動に怒りを感じていくらキレても、相手が変わることはありません。この6秒間をやり過ごす術を身に付けましょう。しかし、6秒間我慢しようと意識するだけでは感情をコントロールすることは難しいのです。そこで、頭の中で数を数えてみます。数え方の難易度を上げるとさらに効果的です。

「カウントバック」は、ゆっくりと100から3つとびごと、100、97、94、91、88、…と数えていきます。引き算をすることで集中力も必要とするため、6秒をしっかりと待つことができます。

効果

複雑な数え方で数を数え、怒りのピークをやり過ごし、怒りに対する反応を遅らせる。

やり方

イラっとしたら、ゆっくりと100から3つずつ小さい数を順に数える。

ポイント

慣れると6秒かからずにできるようになるので、英語で数を数えるなどバリエーションを工夫していく。

ストップシンキング

頭を真っ白にする

　怒りは自分の「べき」で出来事に対して意味づけをすることで生じていきます。べきはその人にとって、すべて正解。特に年配の方は自分の価値観に対するこだわりが強いのが特徴。さらに違う世代の人とそのこだわりをすり合わせることは容易ではありません。

　お互いに自分の「べき」だけが正しいと思い込んでいると、怒りは収まりません。それ以外は許せないと怒ってしまうからです。

　一度頭の中をからっぽにして、何も考えず、自分の「べき」を追い出してみましょう。意味づけしようとする思考を止めることができます。頭の中に空白や白紙などを思い浮かべると効果的。怒りがわいてきたら、心の中で「止まれ！」と強く呼びかけるのもよいでしょう。

効果

怒りのもととなる意味づけや自分のべきにこだわる思考を阻止する。

やり方

・イライラしたら、頭に白い紙をイメージし、相手に対する評価、意味づけをいったん止める。
・怒りが生じそうになったとき、自分自身に「止まれ！（ストップ！）」と呼びかける。

ポイント

頭の中にゴミ箱を思い浮かべ、怒りをギュッと丸めて捨てる様子をイメージするのもよい。

technic 3 グラウンディング

今に意識を集中する

　怒りを感じるとき、前のことを思い出したり、将来のことを考えて怒ったりすることがありませんか。特に、思い出して怒る怒り方は問題です。過去や未来に意識が飛ばないように「今」、「ここ」に集中できるテクニックを身に付けましょう。

　例えば、高齢者が怒り出し、くどくどとお説教を始めたら、とりあえず、聞き流しながら、目の前にある無機質なものに意識をくぎ付けにし、意識を集中して観察してみます。

　ものを介することで、「今、ここ」に集中し、怒りから意識をそらすことができるのです。

効果

目の前にあるものを観察することで、怒りのピークをやり過ごす。

やり方

・イラっとしたら、怒りの対象ではなく、その近くのものを見る。色や形、材質、傷など細かく観察。
・ものを観察し、「今」に意識を集中させ、意識を過去や未来の怒りからそらすことができる。

ポイント

・家具、装飾物など、遠くのものではなく、スマホなど目の前のものを選ぶこと。見慣れたものでも、よく観察すると新たな発見もある。
・ものに集中し、怒りを大きくする過去や未来を考えないようにする。

タイムアウト

その場を離れる

相手の怒りがヒートアップしたり、自分自身も強い怒りがわいてきて、その場での対応が困難だと感じたら、一度その場を離れましょう。気持ちやその場の雰囲気を変えるために「タイムアウト」を取るのです。高齢者の怒りは瞬間的なことが多く、しばらく時間を置くと、落ち着くことが多いので、ぜひ試してみましょう。

「**5分経ったら戻ってきます**」
「**ちょっと確認します。すぐに戻ります**」
と相手に不信感をもたれないために、必ず戻る時間を伝えることが大事。その場を離れたら、深呼吸をして、自分の感情もリセットしましょう。

第4章 知っておきたい実践スキル10

効果
相手や自分の怒りに巻き込まれるのを防ぐ。

やり方
・相手の激しい怒りを感じたら、一時的にその場から立ち去る。
・何も言わずに立ち去らず、必ず戻る時間を伝える。

ポイント
タイムアウトの最中に大声を出す、怒りを思い出すのはNG。リラックスする、散歩、有酸素運動、ストレッチなどはOK。

スケールテクニック

怒りを数値化する

私たちは数値でさまざまなことを理解しています。

例えば、気温。

「今日は30度」と言われたら、薄手の服装にする、水分を多めに持っていく、日傘を用意するなどの対策を立てます。

体温や血圧など、健康に関わることも数値を示されることで現状を把握でき、生活の改善や服薬などを検討することができます。

怒りも数値化することで、その度合いを客観的に捉えることができます。怒りを感じたら、点数(温度)をつけてみましょう。

効果

怒りを数値化(温度)し、冷静になる。

やり方

0は「穏やか、ストレスがない状態」、10は「人生最大の怒り」として怒りのレベルを10段階に分け、今の怒りは何度か、数値をつけていく。

ポイント

自分の怒りの温度計をイメージすると、怒りのレベル別の対策が取りやすくなる。

technic 6 アンガーログ

自分の怒りの傾向を記録

「アンガーログ」はアンガーマネジメントの中心的な役割となるツールです。アンガーは「怒り」、ログは「記録」のこと。

イライラを感じるたびに記録を取り、自分の怒りのパターンを把握する手法です。自分は高齢者のどんな言動、どんな事柄、どんなタイプの人に対して怒りを感じるのか記録します。

原因追及や分析をせずに、事実だけシンプルに記録することで、冷静に自分の感情を客観視することができます。

効果

自分がどんなときに怒るのか、傾向を知る。

やり方

・イラっとするたびに、その場で、「いつ、どこで、何があったのか、何を思ったのか」の事実と、「怒りの温度(122ページ参照)」を記録する。
・自分の怒りの傾向やパターンを把握したら、落ち着いた頃に見直してみる。

ポイント

・時間が空いてしまうと、その出来事に新たに解釈を加えたり、怒りの感情を思い出してしまったりすることもあるため、怒りを感じたらその場で記録する。
・記入する項目はあらかじめ決めて、因果関係などの分析はしないこと。
・ノート、メモ帳、付箋紙、LINEなど、自分に合った記録法を見つけて習慣にする。

technic 7 身体リラクゼーション

体を動かす

ストレスをためずに上手に発散させていく生活習慣を身に付けていると、怒りにくい体質へと改善させていくことができます。特に介護職、看護職の方は、仕事上立ち仕事が多く、知らず知らず体に負担がかかっていることが多いものです。気分転換に、ストレッチや有酸素運動に取り組んでみましょう。脳から化学物質のエンドルフィン、セロトニンが放出され、ストレスを緩和し、リラックスできます。

ストレスが続くとき、解消法として愚痴はほどほどに。相手に対する怒りを思い出してマイナスなことを言い続けていると、怒りを記憶してしまうからです。

効果

軽めの運動で体をほぐし、リラックス効果を得る。

やり方

・イライラしたら、その場で体を伸ばしたり、肩や首を回したりして体をほぐし、イライラを解消。
・時間があれば、ジョギング、水泳、エアロビクス、ヨガ、太極拳、ストレッチなども効果的。

ポイント

ストレス解消と称して、愚痴、やけ酒、ネットサーフィンなどは避けたほうがよい。終わりがなく、かえって疲れてしまう。

気分転換メニュー

自分の好きなことに集中

「高齢者の理不尽な言動はしかたがない」とわかっていても、ふいに相手の怒りに巻き込まれるのは辛いことです。だからといって相手に対する怒りを引きずって生活するのはもったいないことです。

自分がつい没頭してしまうような趣味や、それをするだけで気持ちがほぐれる自分の好きなことを用意しておくと、イラっとしたときに「今、ここに」集中することができます。旅行など、計画が必要なことよりも、見る、読む、作る、味わうなど、五感で捉えられ、すぐに実践できることがお勧めです。

第4章 知っておきたい実践スキル10

効果

好きなことに没頭したり、好きなものに満たされることで気分を切り替える。

やり方

・想像しただけで気持ちが上がる好きなことをリストアップする。
・イラっとしたら、好きなことを思い浮かべ、気持ちを好きなことに向ける。
・すぐにできそうなことは、行動に移し、没頭してみる。

ポイント

・ペットやわが子、家族の写真を見る。
・大好きな音楽を聴いたり、漫画を読む。
・軽い運動をする。
・香りのよいハンドクリームを塗って、香りに満たされる。
・お気に入りの店で、食事をする。

technic 9 ポジティブモーメント

最高によかった瞬間を思い出す

　自分の親と言い合いになってしまったり、介護職、看護職という立場で高齢者にイライラしたりすると、「自分はダメな人間なのではないか」「この仕事は自分に向いていないのではないか」と、結局自分を責めてしまいがち。自己肯定感が低くなると、さらに負の感情にとらわれてしまい悪循環に陥ってしまいます。

　負の感情に振り回されないために、ポジティブ思考に自分を導きましょう。自分の成功体験を再体験することで、自己肯定感が高まり、怒りやストレスを手放すことができます。長時間の出来事ではなく、最高だった瞬間(モーメント)の体験を思い出しましょう。

効果
「気持ちよい場面」を思い浮かべ、嫌な感情を追い出す。

やり方
「最高だった瞬間」を思い出し、書き出す、写真を見るなどして具体的にその体験をイメージしてみる。

ポイント
「旅行に行って楽しかった」という長時間のことではなく、「旅行で一番素晴らしい景色、沖縄で見た夕日」などのように短時間の体験を思い出す。

technic 10 24時間アクトカーム

一日穏やかな自分を演じる

人は、とかく相手の言動を変えたいと思いがちです。

しかし、高齢になると脳の機能低下により、頑固になる傾向があることは先に述べた通り。相手の言動を変えようとしても簡単に変わるものではなく、かえってストレスを抱えることにつながります。相手ではなく、まず、自分を変えることに力を尽くしてみましょう。

「24時間アクトカーム」は、24時間穏やかな人を演じるテクニック。感情はともかくとして、一日限定で、言葉遣いや表情、しぐさなど、穏やかな人を演じてみます。自分が変わることで、周囲の人の態度や表情、関係性がよい方向に変化することを実感できるでしょう。

第4章 知っておきたい実践スキル10

効果

自分が変わることで相手がどう変化するかを体験し、自分が変わることの意義を見出す。

やり方

・一日限定で、24時間穏やかに過ごしてみる。
・イラっとしても、言葉や態度は徹底して穏やかにふるまい、「穏やかな人を演じ切る」と心に決める。

ポイント

あえて忙しい日を選んで行うと効果的。

川上淳子(かわかみじゅんこ)

Edu Support Office 代表。一般社団法人日本アンガーマネジメント協会アンガーマネジメントコンサルタント、アンガーマネジメント叱り方トレーナー。大分県出身。宮城県多賀城市在住。1979年宮城教育大学卒業後、私立幼稚園勤務。1984年より宮城県小学校教員として36年間教育現場に携わる。2014年よりアンガーマネジメントを学び、現場で実践を重ね、2016年3月、勧奨退職し独立。現在、「日本中の教室にアンガーマネジメントを!」をモットーにアンガーマネジメントコンサルタントとして執筆・講演活動を行う。著書に『教師のためのケース別アンガーマネジメント』(小学館)がある。

【URL】https://edusupport-office.com

●引用文献
『アンガーマネジメントファシリテーター養成講座』テキスト／一般社団法人日本アンガーマネジメント協会

●参考文献
『[図解]アンガーマネジメント超入門「怒り」が消える心のトレーニング33』安藤俊介著／ディスカヴァー・トゥエンティワン
『アンガーマネジメント 叱り方の教科書』安藤俊介著／総合科学出版
『上手なセルフコントロールでパワハラ防止 自治体職員のためのアンガーマネジメント活用法』安藤俊介著／第一法規
『イライラとうまく付き合う介護職になる! アンガーマネジメントのすすめ』田辺有理子著／中央法規出版
『老いた親へのイラッとする気持ちがスーッと消える本』榎本睦郎著／永岡書店
『老人の取扱説明書』平松類著／SBクリエイティブ

家庭・介護・看護で実力発揮の「アンガーマネジメント」
高齢者に「キレない」技術

2019年12月21日　初版第一刷発行
2023年10月28日　　　第二刷発行

著　者　川上淳子
発行者　杉本　隆
発行所　株式会社　小学館
　　　　〒101-8001　東京都千代田区一ツ橋2-3-1
　　　　電話　編集：03-3230-5546　　販売：03-5281-3555
印　刷　大日本印刷株式会社
製　本　株式会社若林製本工場

©Junko Kawakami　©小学館2019
Printed in Japan　ISBN 978-4-09-310630-6

※造本には十分注意しておりますが、印刷、製本など製造上の不備がございましたら、「制作局コールセンター」(フリーダイヤル 0120-336-340)にご連絡ください。(電話受付は土・日・祝休日を除く9：30～17：30)

本書の無断での複写(コピー)、上演、放送等の二次利用、翻案等は、著作権法上の例外を除き禁じられています。本書の電子データ化などの無断複製は著作権法上の例外を除き禁じられています。代行業者等の第三者による本書の電子的複製も認められておりません。